Tessloffs Enzyklopädie

DINOSAURIER

Copyright © 2005 by Tessloff Verlag,
Burgschmietstrasse 2 – 4, 90419 Nürnberg
www.tessloff.com
Copyright © 2005 by McRae Books Srl,
Borgo S. Croce, 8 – Florenz (Italien)
Alle Rechte vorbehalten. Kein Teil dieses Werkes darf ohne
die schriftliche Genehmigung des Copyright-Inhabers
in irgendeiner Form (durch Fotokopie, Mikrofilm
oder ein anderes Verfahren) reproduziert oder unter
Verwendung elektronischer Systeme verarbeitet,
vervielfältigt oder verbreitet werden.

ISBN: 3-7886-1390-4

Projektleitung: Anne McRae
Grafik: Marco Nardi
Illustrationen: Studio Stalio (Alessandro Cantucci, Fabiano Fabbrucci,
Andrea Morandi, Ivan Stalio)
Weitere Illustrationen: Paola Baldanzi, Lorenzo Cecchi, Matteo Chesi,
Gian Paolo Faleschini, Paula Holguin, Antonella Pastorelli,
Andrea Ricciardi di Gaudesi
Lektorat: Joanne Bertrand
Bildrecherche: Elzbieta Gontarska, Daniela Morini
Bildbearbeitung: Filippo Delle Monache, Alman Graphic Design
Layout: Laura Ottina, Sebastiano Ranchetti
Übersetzung: Sabine Goehrmann

Repro: Litocolor (Florence)
Druck und Bindung in der Slowakei

Tessloffs Enzyklopädie

DINOSAURIER

Tessloff Verlag

Inhalt

Einführung 7

Die Welt der Dinosaurier 8–9

Vor den Dinosauriern 10–13

Reptilien auf dem Land 14–17

Die ersten Dinosaurier 18–21

Gefahr in der Trias 22–25

Fliegende Reptilien 26–29

Säugetiere und Dinosaurier 30–33

In den Meeren der Trias 34–37

Das Dinosaurierzeitalter beginnt 38–39

Prosauropoden 40–43

Jurassische Riesen 44–47

Jäger der Riesensaurier 48–51

Kampf der Titanen 52–55

Der Himmel im Jura 56–59

Leben in den Jura-Meeren 60–63

Henodus, *Seite 17*

Ammoniten-Gehäuse, Seite 12

Coelophysis, *Seite 25*

Stegosaurus 64–67

Die Kreidezeit 68–69

Neue Meeresräuber 70–73

Kampf um ein Weibchen 74–77

Brutkolonien der Riesen 78–81

Geschickte Jäger 82–85

Ankylosaurus 86–89

Der Riese der Flugsaurier 90–93

Die Blütezeit der Dinosaurier 94–97

Die geologische Zeittafel 98–99

Aufprall eines Meteoriten 100–101

Warum starben die Dinosaurier aus? 104–107

Nach den Dinosauriern 108–111

Dinosaurier für den Film 112–113

Dinosaurier nachbauen 114–115

Dinosaurierrekorde 116–117

Register 118

Die Welt in der Trias, Seite 8

Peteinosaurus, Seite 28

Schädel eines Eoraptor, Seite 8

Einführung

Dieses Buch bietet einen Überblick über das Zeitalter der Dinosaurier. Es beginnt mit dem verheerenden Massensterben am Ende des Erdzeitalters Perm, bei dem fast alles Leben auf unserem Planeten ausgerottet wurde. Dem Perm folgte die Trias, in der es die ersten Reptilien und Dinosaurier gab, und dann der Jura und die Kreide, als Dinosaurier und ihre Verwandten in den Meeren und in der Luft unangefochten herrschten. Die Dinosaurier starben vor rund 65 Millionen Jahren aus, und eines der Schlusskapitel dieses Buches beschäftigt sich mit den verschiedenen Theorien für ihr Verschwinden.

Coelophysis, Seite 8

Wie man dieses Buch benutzt

Jedes Kapitel dieses Buches beginnt mit einem großen Bild, das in einer naturgetreuen Szene die Tiere einer erdgeschichtlichen Epoche in ihrem Lebensraum zeigt. Nach dieser Einleitung folgt eine Doppelseite, auf der die dargestellte Szene erläutert wird.

Kurze Texte erklären die Illustrationen im Zusammenhang mit dem Thema.

Ein kurzer Text erläutert das Bild, das Dinosaurier in ihrer Umwelt zeigt.

Der einleitende Text gibt einen Überblick über das Thema.

Eine große Illustration leitet in das Thema ein, das auf den folgenden zwei Seiten genauer erklärt wird.

Illustrationen veranschaulichen besondere Aspekte des Themas.

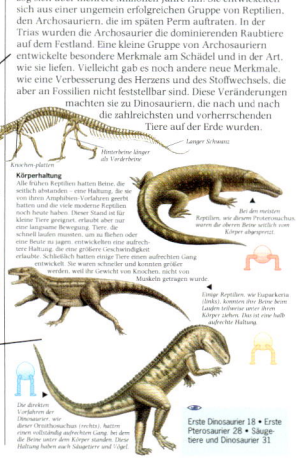

Kontinentaldrift

Die Erdkruste ist keine zusammenhängende, feste Schicht. Sie besteht aus vielen riesigen Gesteinsflößen, tektonische Platten genannt, die auf zähflüssigem Gestein viele Kilometer unter der Oberfläche treiben. Dieses zähflüssige Material zirkuliert im Erdinneren und zieht die tektonischen Platten mit sich, sodass die Kontinente, die auf den Platten liegen, sich jedes Jahr um wenige Zentimeter bewegen. Im Laufe von Jahrmillionen hat sich die Erde stark verändert.

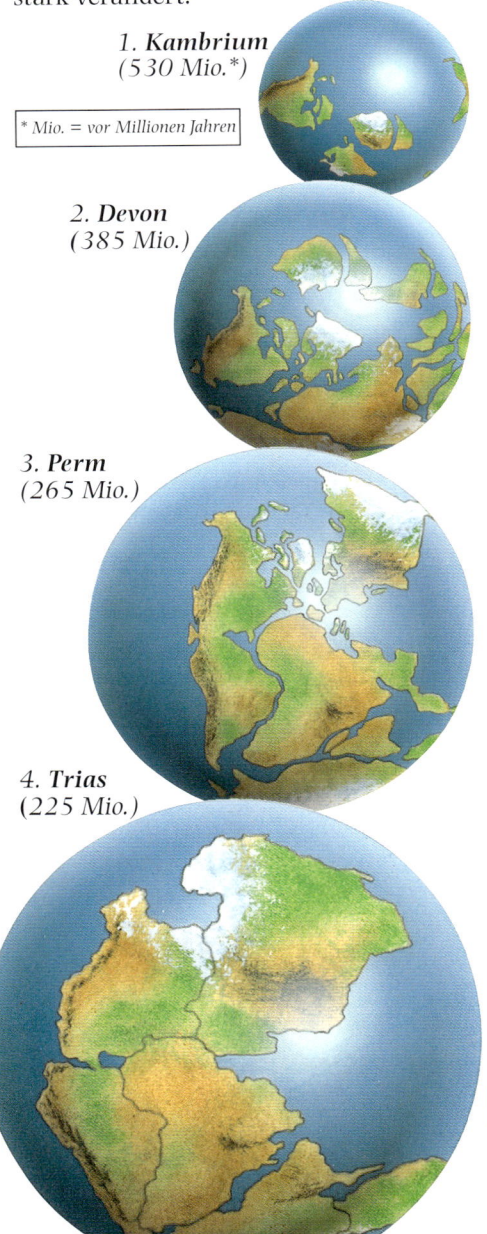

1. Kambrium (530 Mio.*)

* Mio. = vor Millionen Jahren

2. Devon (385 Mio.)

3. Perm (265 Mio.)

4. Trias (225 Mio.)

Während des Kambriums waren die meisten Kontinente durch weite Ozeanflächen voneinander getrennt. Im Devon drifteten die Kontinente aufeinander zu. Im Perm hatten sie eine einzige, riesige Landmasse, Pangäa, gebildet. Als während der Trias Pangäa auseinander zu brechen begann, trieben die nördlichen und südlichen Kontinente voneinander fort.

Die Welt der Dinosaurier

Über 150 Millionen Jahre lang beherrschten die Dinosaurier die erdgeschichtliche Szene. Diese einzigartige Gruppe von Reptilien entwickelte Hunderte von Arten. Einige waren kleiner als ein heutiges Huhn, andere so groß wie ein Haus, und dazwischen gab es alle anderen Größen. Die Welt der Dinosaurier sah ganz anders aus als unsere heutige Welt. Das Klima war wärmer und feuchter, und der Meeresspiegel lag höher. Selbst die Erde sah anders aus, denn die Kontinente veränderten beständig ihre Lage. Es war eine fremde Welt, die von fremdartigen Tieren bewohnt war.

Die ersten Dinosaurier

Die ältesten, bisher gefundenen fossilierten (versteinerten) Dinosaurierknochen wurden in Südamerika entdeckt. Sie sind 228 Millionen Jahre alt. Die Fossilien, die zu Saurischier-Dinosauriern gehören, könnten Vorfahren der Theropoden und Sauropoden gewesen sein. All diese Tiere liefen auf ihren Hinterbeinen. Deswegen waren sie schnellfüßiger als andere Tiere und konnten ihre vorderen Gliedmaßen zum Beutegreifen benutzen.

▲ *Der Schädel eines* Eoraptor *in einer Menschenhand.* Eoraptor *bedeutet „Dieb der Morgenröte", was ein passender Name für einen der ersten Dinosaurier ist.*

Das Skelett

Das Erfolgsgeheimnis der frühen Dinosaurier liegt in ihrem Skelett. Das unten gezeigte Skelett gehört *Coelophysis*, einem kleinen Theropoden der späten Trias. Es unterscheidet sich von dem anderer Reptilien dadurch, dass *Coelophysis* auf zwei Beinen steht. Der lange Schwanz hält das Tier im Gleichgewicht, und die Beine stehen unter dem Körper, sodass sein Gewicht von den Knochen gestützt wird. Dadurch konnten die Muskeln zum Laufen eingesetzt werden. Die Knochen hatten oft Hohlräume, die sie besonders leicht machten. Diese Verbesserungen trugen zu einer behänden, flinken Lebensweise bei. Frühe Dinosaurier konnten schneller laufen und waren geschickter in der Nahrungsbeschaffung als ihre Konkurrenten – darum wurden sie vorherrschend. Obwohl es unter den späteren Dinosauriern manche großen und massigen Formen gab, waren sie doch alle für ihre Größe relativ leicht.

Leichte, hohle Knochen

Greifhände

Aufrechter Gang auf zwei Beinen

Sprungbeingelenk

Verschmolzene Hüfte

Langer Balancierschwanz

Bei den Ornithischier-Dinosauriern zeigte das Schambein nach hinten anstatt nach vorn wie bei anderen Reptilien. Dadurch lagen die massigen Verdauungsorgane des Tieres dicht an den Beinen. Pflanzen fressende Ornithischier konnten auf zwei Beinen stehen, während Pflanzen fressende Saurischier – die Sauropoden – auf vier Beinen liefen.

Bei den Saurischier-Dinosauriern waren die drei Beckenknochen wie bei modernen Reptilien angeordnet. Das mit der Wirbelsäule verbundene Darmbein war groß und abgerundet. Das Schambein wies nach vorn und war Ansatzstelle für Muskeln, während das Sitzbein, an dem noch mehr Beinmuskeln und die Schwanzmuskeln saßen, nach hinten zeigte.

Stammbaum

Dinosaurier entwickelten sich aus Archosauriern, die vor rund 225 Millionen Jahren lebten. Diese Dinosaurier teilten sich in zwei Linien, die sehr unterschiedliche Merkmale hatten und am einfachsten an ihren Beckenknochen zu unterscheiden sind. Saurischier hatten ein Becken wie moderne Reptilien, während Ornithischier ein Becken wie heutige Vögel besaßen. Alle Ornithischier waren Pflanzenfresser und hatten einen Prädentale genannten, schnabelähnlichen Fortsatz am Unterkiefer. Ornithischier waren bis in den späten Jura hinein recht selten. Erst dann entwickelten sie neue Formen und wurden zahlreicher. Zu den Saurischiern zählen die gigantischen Pflanzen fressenden Sauropoden und die Fleisch fressenden Theropoden.

Saurischier und Ornithischier

Alle Dinosaurier waren entweder Saurischier oder Ornithischier. Lange Jahre war unklar, wie diese beiden Gruppen zusammenhingen. Heute wissen wir, dass sich Saurischier als Erste entwickelten. Sie erschienen vor rund 228 Millionen Jahren in Südamerika und breiteten sich schnell über die ganze Welt aus. Dann erschien vor rund 210 Millionen Jahren eine kleine Dinosauriergruppe im südlichen Afrika. Diese Pflanzenfresser entwickelten einen Hornschnabel. Die Stellung ihrer Beckenknochen veränderte sich und schuf Platz für ein Verdauungssystem, das der Pflanzenkost möglichst viele Nährstoffe entziehen konnte. Das waren die Ornithischier. Anders als die Saurischier verbreiteten sich diese Dinosaurier nur langsam. Über 60 Millionen Jahre lang blieben sie selten und entwickelten sich erst im späten Jura zu vielen neuen Formen.

Herrerasaurus

Herrerasaurus war der größte und erfolgreichste Jäger seiner Zeit. Er konnte praktisch jedes andere Tier, das damals lebte, erbeuten. Er hatte ein großes Maul mit sehr scharfen, nach hinten gebogenen Zähnen, mit denen er seine Beute gut festhalten konnte. Seine Vordergliedmaßen trugen scharfe Krallen, mit denen er das Opfer packte. Die Hinterbeine waren kräftig und machten *Herrerasaurus* so schnell, dass ihm kaum ein Tier entkommen konnte.

Reptilien auf dem Land 14 •
Die ersten Dinosaurier 18 •
Dinosaurier erscheinen 20 •
Säugetiere und Dinosaurier 31 • Die ersten
Säugetiere 32

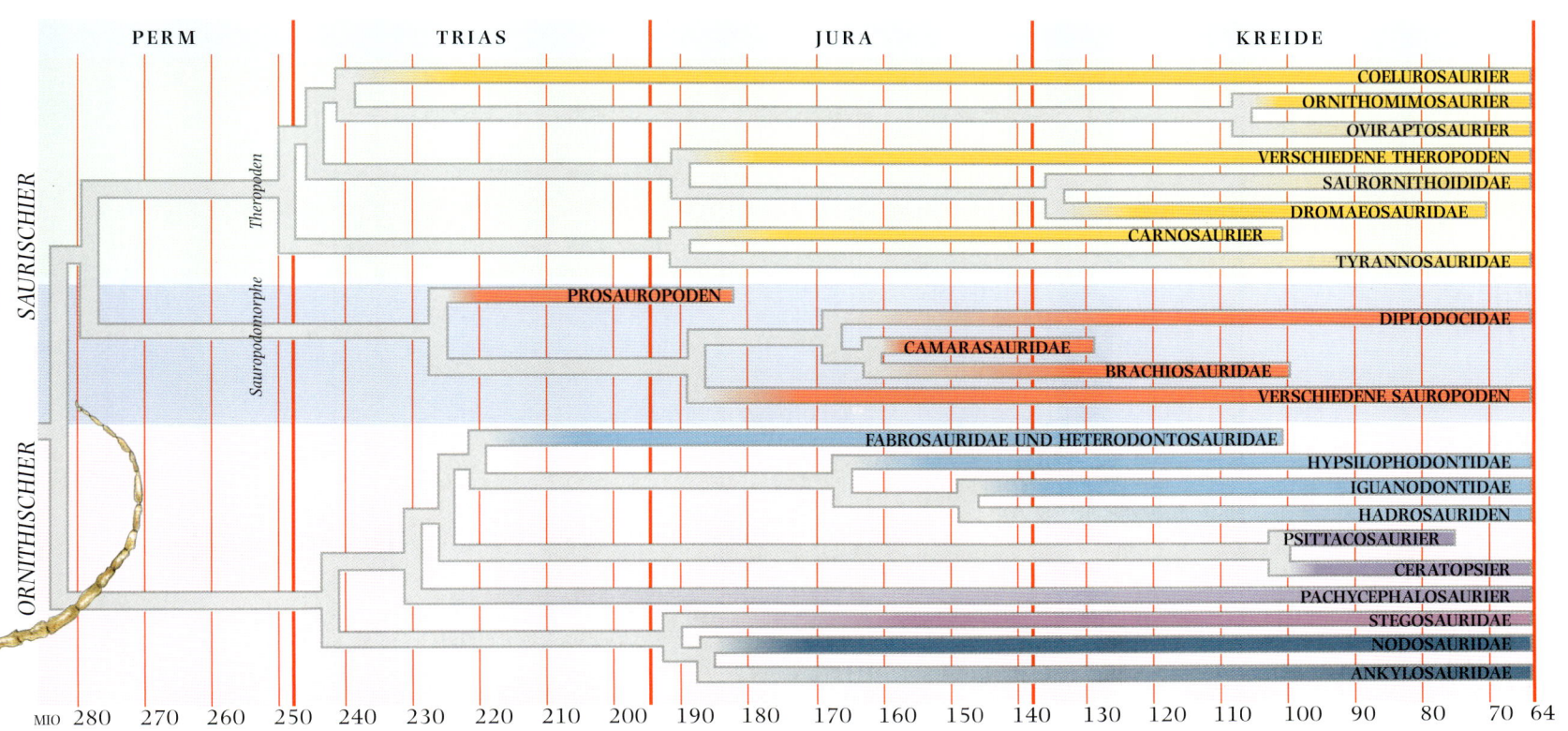

DINOSAURIER DER TRIAS

Vor den Dinosauriern

Eine *Cacops*-Amphibie beobachtet eine Herde Pflanzen fressender *Scutosaurus*-Reptilien, die über die Ebene zieht. Der Herde folgt ein gefährliches, säugetierähnliches Reptil mit Namen *Inostrancevia*, das einen *Scutosaurus* ohne weiteres töten kann. Das echsenähnliche Geschöpf im Vordergrund ist *Millerosaurus*. Mächtige Vulkane speien Millionen Tonnen Staub und Gase aus, die das Sonnenlicht verfinstern. Als Folge davon kühlt die Erde ab, und durch den Klimawandel findet im späten Perm, vor 245 Millionen Jahren, fast alles Leben auf der Erde ein Ende. Erst danach entwickeln sich die Dinosaurier und beherrschen die Tierwelt.

Trilobiten (rechts) tauchten vor rund 570 Millionen Jahren in den Meeren auf. Sie überlebten in verschiedenen Formen 230 Millionen Jahre lang, bis auch sie Opfer des Massensterbens im Perm wurden.

Die spiralig eingerollten Gehäuse der Ammoniten (links) finden sich zu Tausenden in Gesteinen des Perm. Fast alle dieser Verwandten der heutigen Tintenfische starben am Ende des Perm aus.

Leben in den Meeren des Perm

In den Meeren fanden vor 285 Millionen Jahren zu Beginn des Perm tief greifende Veränderungen statt. Die südliche polare Eiskappe schmolz, und der Anstieg des Meeresspiegels führte zur Überflutung weiter Landflächen, sodass warme, flache Seen entstanden, die für Meerestiere ideal waren. Bestehende Arten, wie Haie, Knochenfische und Trilobiten, nahmen an Zahl und Vielfalt zu. Auch neue Tiere erschienen. Ammoniten waren aktive Jäger, die kleines Getier erbeuteten, während Muscheln sich rasch verbreiteten. Gegen Ende des Perm waren alle großen Kontinente zu einer Landmasse vereint. Die Meere bildeten einen einzigen Ozean, durch den Meerestiere wandern konnten. Meerestiere waren in allen Gegenden ähnlich.

Leben an Land

Die Lebensbedingungen an Land veränderten sich rasch während des Perm. Als das Zeitalter vor 285 Millionen Jahren begann, war es fast überall feucht und warm. Das waren ideale Bedingungen für die Amphibien, die sich rund 80 Millionen Jahre zuvor entwickelt hatten. Es gab etwa 100 verschiedene Arten von Amphibien, von denen die meisten überwiegend an Land lebten. Diese Geschöpfe, von denen einige recht groß waren, legten ihre Eier im Wasser ab. Die Nachkommen verbrachten dort ihr Larvenstadium, lebten als erwachsene Tiere aber an Land. Im Laufe des Perm wurde das Klima jedoch trockener und wärmer. Amphibien können nicht lange im Trockenen leben, weil Wasser durch ihre Haut verdunstet. Deshalb zogen sie sich in Gebiete zurück, die feucht geblieben waren. Die meisten Formen begannen nun, fast gänzlich im oder am Wasser zu leben.

Im Zeitalter des Perm waren jagende Haie, wie Hybodus (oben) zahlreich vertreten, ebenso wie der Knochenfisch Platysomus, den Hybodus im Maul hält. Beide Gruppen überlebten das Massensterben im Perm in geringer Zahl.

Das Skelett (unten) gehört zur Amphibie Eryops – einem weiteren Opfer des Massensterbens im Perm. Eryops hatte einen muskulösen Körper und ein großes Maul mit scharfen Zähnen. Wahrscheinlich ließ Eryops sich in Seen und Sümpfen treiben und wartete, dass Beute in seine Reichweite kam, damit er sie unter Wasser ziehen und ertränken konnte.

Die Reptilien steigen auf

Als das Klima trockener und wärmer wurde, gab es immer mehr Reptilien. Durch Neuerwerbungen wie eine wasserdichte Haut und Eier, die an Land abgelegt werden konnten, waren Reptilien besser an das Leben auf dem Trockenen angepasst als Amphibien. Am zahlreichsten waren die Synapsiden, die säugetierähnlichen Reptilien. Die Pelycosaurier wurden die größten, erfolgreichsten Landraubtiere. Auch Pflanzen fressende Reptilien entwickelten sich. Sie waren meist niedrig gebaute, schwerfällige Geschöpfe mit weit gespreizten Beinen. Im späteren Perm kamen neue Reptilien, die Therapsiden, auf. Sie hatten längere Beine und konnten schneller laufen, wenn auch nur über kurze Strecken.

Edaphosaurus (unten) gehörte zu den Reptilien, die im Perm zahlreicher wurden. Die große, von langen Knochen verstärkte Hautfalte auf seinem Rücken könnte bunt gefärbt gewesen und bei der Paarung zur Schau gestellt worden sein.

Was ist ein Massensterben?

Seit jeher leben auf der Erde Tausende von Tier- und Pflanzenarten. Im Laufe der Zeit sterben einige dieser Arten aus, während andere Arten sich zu neuen Formen weiterentwickeln. Über einen längeren Zeitraum nimmt die Zahl der Arten allmählich zu – die Evolution erschafft neue Tiere und Pflanzen schneller als die alten aussterben. Zu bestimmten Zeiten der Erdgeschichte starben viele Arten jedoch derart plötzlich aus, dass die Evolution keinen Ausgleich schaffen konnte. Dann sank die Anzahl der Arten dramatisch. Das bezeichnet man als Massensterben. Ein solches Massensterben fand vor 65 Millionen Jahren statt, als Dinosaurier und die meisten anderen großen Tiere sehr schnell verschwanden. Das Massensterben im Perm vor 245 Millionen Jahren war sogar noch spektakulärer und zog sich über eine längere Zeitspanne hin.

Massensterben im Perm

Das Ausmaß des Massensterbens im Perm war katastrophal. Fast die Hälfte aller Pflanzenarten verschwand. In den Meeren starben rund 90 Prozent aller Tiere aus und an Land waren es sogar 98 Prozent. In manchen Gebieten überlebten nur ein bis zwei Tierarten. Das Massensterben des Perm fand nicht plötzlich statt. Fossilienfunde lassen darauf schließen, dass es vor ungefähr 252 Millionen Jahren begann und lawinenartig zunahm, bis es vor rund 245 Millionen Jahren seinen Höhepunkt erreichte. Das Muster der Katastrophe zeigt, dass es zu allmählichen Veränderungen kam, die jeweils bestimmte Arten betrafen. Jedes Mal, wenn eine Art ausstarb, waren davon andere Lebewesen betroffen. Schließlich brachen ganze Ökosysteme zusammen.

Die Überlebenden

Einige wenige Arten überlebten das verheerende Massensterben im Perm. Da ihre Nahrungskonkurrenten tot waren, vermehrten sie sich rasch und bildeten eine Vielzahl neuer Formen aus. Zwanzig Millionen Jahre nach dem Massensterben im Perm gab es viele neue Tierarten, und das Leben fasste auf der Erde wieder Fuß.

Quallen (links) erschienen vor über 600 Millionen Jahren und überlebten in großer Zahl das Massensterben im Perm.

Pflanzen hatten weniger zu leiden als die Tiere des Perm. Viele überlebten, darunter der Palmfarn (unten) und der Ginko (rechts).

Theorien für das Massensterben

Die meisten Wissenschaftler glauben, dass kein einmaliges Ereignis, sondern eine ganze Kette von Krisen zum Aussterben so vieler Tiere führte. Am Ende des Perm fanden auf der Erde große Veränderungen statt. Bei Vulkanausbrüchen in Asien wurden ungeheure Mengen Staub und Gase in die Atmosphäre geschleudert, sodass weniger Sonnenstrahlen die Erde erreichten, was zu einer weltweiten Abkühlung führte. Tiere und Pflanzen, die Wärme brauchten, starben. Es bildeten sich Gletscher, der Meeresspiegel sank, und Arten, die in Flachmeeren lebten, starben aus. Als die Kontinente eine einzige Landmasse bildeten, wurde das Klima wechselhafter. Arten, die an ein stabiles Klima gewöhnt waren, starben ebenfalls.

Das späte Perm war eine Zeit des Umbruchs. Als die Landmassen zum Superkontinent Pangäa (oben) zusammenrückten, verloren viele Arten ihren Lebensraum, da sich Gebirge aufschoben und Wasserflächen verschwanden. Im kälter werdenden Klima gefroren große Wassermassen in den polaren Eiskappen. Damit verschwanden die Flachmeere, in denen viele Pflanzen und Tiere heimisch waren.

Die Reptiliengruppe der Dicynodonten überlebte das Perm und verbreitete sich rasch. Bald machte Lystrosaurus (unten) 90 Prozent aller Reptilien auf den südlichen Kontinenten aus.

Eine der jüngsten Theorien beruft sich auf den Einschlag eines riesigen Meteoriten oder Kometen. Dabei wäre alles Leben in der Nähe des Einschlagsortes vernichtet worden. Der Aufprall hätte so viel Staub in die Atmosphäre gewirbelt, dass fast alles Leben auf der Erde erstickt wäre. Allerdings wurde bisher kein Einschlagskrater gefunden, und Gesteine aus dieser Zeit zeigen keine Spuren von Meteoriten- oder Kometenstaub.

- Vor den Dinosauriern 10
- Aufstieg der Reptilien 16
- Dinosaurier erscheinen 20
- Meere, Flüsse und Seen der Trias 36

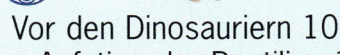

Reptilien auf dem Land

Ungefähr 25 Millionen Jahre nach dem Aussterben vieler Tierarten im Perm trotten große Herden stämmiger *Placerias*-Reptilien durch die Landschaft. Sie durchwühlen mit ihren harten Stoßzähnen den Boden nach Wurzeln und Knollen. Einige reißen mit ihren kräftigen, schnabelartigen Kiefern Blätter von den Bäumen. Am Himmel schießen Schwärme von *Peteinosaurus* auf der Jagd nach Insekten durch die Luft. Plötzlich taucht *Euparkeria*, ein kräftiger Räuber mit scharfen Reißzähnen, auf und stört den Frieden.

Aufstieg der Reptilien

Reptilien beherrschten die Erde 240 Millionen Jahre lang. Sie waren die größten Fleisch- und Pflanzenfresser an Land, und in den Meeren wimmelte es von räuberischen Reptilien. Sogar am Himmel flogen Reptilien. Diese Geschöpfe verdankten ihren Erfolg der Fähigkeit, auf dem trockenen Land zu leben, ohne wie ihre Vorfahren, die Amphibien, ins Wasser zurückkehren zu müssen. Die Reptilien entwickelten sich zu vielen Arten und nutzten alle sich bietenden Ernährungs- und Lebensweisen.

Reptilieneier

Die Vorfahren der Reptilien – Amphibien – legten Eier mit einer gallertartigen Hülle. Reptilien entwickelten Eier mit einer harten oder ledrigen Schale, die verhindert, dass sie austrocknen. Das macht Reptilien vom Wasser unabhängig.

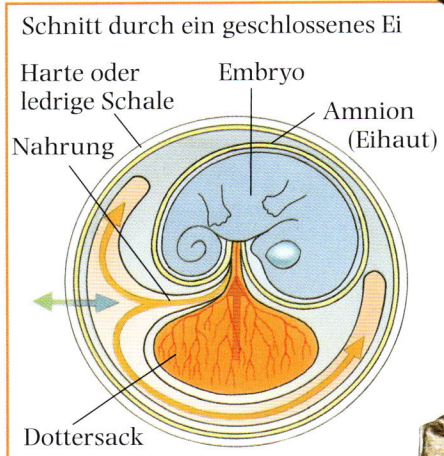

Schnitt durch ein geschlossenes Ei
- Harte oder ledrige Schale
- Embryo
- Amnion (Eihaut)
- Nahrung
- Dottersack

Der Reptilien-Stammbaum

Alle Reptilien gehören einer von vier Gruppen an. Die erste sind die Anapsiden, wie Land- und Meeresschildkröten, deren Schädel keine Lücken zwischen den Knochen haben. Die zweite sind die Synapsiden, die eine solche Lücke besitzen. Diese Entwicklungslinie führte zu den Säugetieren. Die dritte Gruppe sind die Diapsiden, die zwei Schädellücken haben. Zu ihnen gehören Dinosaurier und Krokodile. Die letzte Gruppe, die Euryapsiden, hatte eine hochgelegene Schläfenlücke. Zu dieser ausgestorbenen Gruppe gehören Meeresreptilien, wie Ichthyosaurier und Plesiosaurier.

▲ Hylonomus war nur 20 cm lang und schnappte mit seinen kurzen, scharfen Zähnen in den Wäldern der Karbonzeit nach Insekten.

Die ersten Reptilien

Vor rund 300 Millionen Jahren lebten die ersten Reptilien in feuchten Wäldern im heutigen Ostkanada. Diese ersten Reptilien waren noch klein, aber in wenigen Millionen Jahren entwickelten sich weitaus größere Tiere. Reptilien verbreiteten sich rasch über Nordamerika und Europa, aber es dauerte etwas länger, bis sie auch in Asien, Afrika und auf anderen Kontinenten Fuß fassten.

Die ersten Landgänger

Vor rund 350 Millionen Jahren entwickelten sich Tiere, die lange genug das Wasser verlassen konnten, um an Land Pflanzen zu fressen. Diese ersten Landtiere waren Wirbellose mit harten Panzern, wie Insekten und Skorpione (wie das obige Fossil).

Reptilien auf dem Land 14 •
Fliegende Reptilien 27 •
Säugetiere und Dinosaurier 31

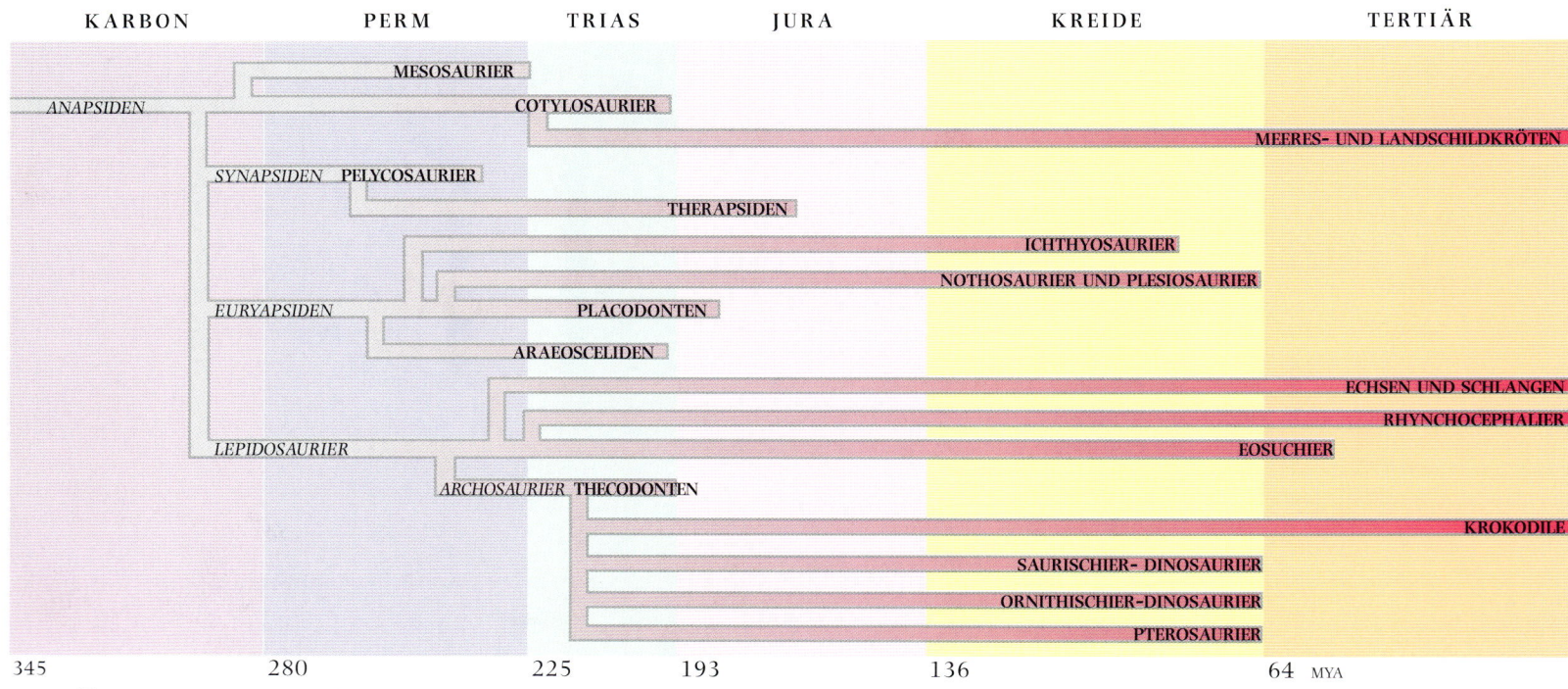

DINOSAURIER DER TRIAS

Säugerähnliche Reptilien

Im Perm, vor 286 bis 245 Millionen Jahren, waren die erfolgreichsten Reptilien die Synapsiden. Diese Reptilien entwickelten allmählich säugetierähnliche Merkmale, wie starke Kiefer, Zähne in verschiedenen Formen und ein Haarkleid. Sie behielten aber auch einige Reptilienmerkmale, wie zum Beispiel das Eierlegen. Die fossilierten Eier (links) wurden vor rund 260 Millionen Jahren im südlichen Afrika abgelegt.

Was ist ein Reptil?

Reptilien gehören zu den erfolgreichsten Tieren aller Zeiten. Sie entwickelten sich vor rund 300 Millionen Jahren und wurden schnell die dominierenden Lebewesen auf dem festen Land. Einige besiedelten später das Meer und andere entwickelten Flugvermögen. Reptilien waren erfolgreich, weil sie gut an das Leben an Land angepasst waren. Sie hatten kräftige Beine, die ihr Gewicht trugen, und eine wasserdichte Haut, die ihr Austrocknen verhinderte. Außerdem legten sie hartschalige Eier, die an Land überleben konnten, anders als Amphibien, die ihre weich schaligen Eier im Wasser ablegen mussten. Reptilien nahmen Wärme aus ihrer Umgebung auf. Sie konnten sich nur schnell bewegen, wenn ihr Körper warm genug war. Aus den Reptilien entwickelten sich schließlich Säugetiere und Vögel, die ihre Körperwärme selbst erzeugen können. Obwohl diese neuen Gruppen das Land und die Lüfte erobert haben, leben noch heute Hunderte von Reptilienarten.

▲ *Rhynchosaurus hatte gespreizte Beine, einen plumpen Körper und schnabelähnliche Vorderzähne.*

Rhynchosaurier

In der Trias, vor 248 bis 206 Millionen Jahren, lebten auf den südlichen Kontinenten Pflanzen fressende Diapsiden-Reptilien, die Rhynchosaurier. Die verschiedenen Arten hatten alle große, stämmige Körper und kräftige, muskulöse Beine. Mit ihren Vorderzähnen rissen sie Blätter von Samenfarnen ab, die zu jener Zeit massenhaft wuchsen. Vor rund 215 Millionen Jahren starben die Samenfarne aus, und damit auch die Rhynchosaurier.

Thecodonten

Vor rund 230 Millionen Jahren erschienen neue Reptilien – die Thecodonten. Thecodonten waren Diapsiden. Die frühesten Thecodonten lebten in Sumpfgebieten und konnten sich auf ihren kräftigen Hinterbeinen vorwärts schieben. Spätere Thecodonten krochen auf das trockene Land und vermochten über kurze Strecken auf ihren Hinterbeinen zu laufen, was sie viel schneller als andere Reptilien machte. Aus ihnen entwickelten sich später die Dinosaurier.

▲ *Erythrosuchus war ein typischer räuberischer Thecodont. Er lebte in der frühen Trias in Afrika und wurde bis zu 4,5 m lang.*

Reptilien in der Luft

Während die Reptilien zu den beherrschenden Tieren am Boden wurden, gehörte die Luft den Insekten. Ein Reptil, dem es gelang, sich in die Luft zu erheben, war nicht nur in der Lage, einer Gefahr zu entkommen, sondern es konnte auch konkurrenzlos Insekten jagen. Eines der ersten fliegenden Reptilien war *Icarosaurus* (oben), der vor rund 220 Millionen Jahren in Nordamerika lebte. Er hatte sehr lange Rippen, die durch einen Hautlappen miteinander verbunden waren. Er war nicht wirklich flugfähig, konnte aber bis zu 60 m weit ohne Zwischenlandung von Baum zu Baum gleiten.

Zurück ins Wasser

Einige der an das Landleben angepassten Reptilien kehrten ins Wasser zurück. Dort gab es reichlich Nahrung, und mit ihren kräftigen Beinen und Schwänzen konnten sie gut schwimmen.

◀ *In der späten Trias, vor rund 215 Millionen Jahren, erschien* Henodus. *Er hatte ein eckiges Maul mit breiten Mahlzähnen und war einen Meter lang. Sein Rücken sowie seine Unterseite waren von dicken Platten aus Knochen und Horn bedeckt, die ihn vor Feinden schützten.*

DINOSAURIER DER TRIAS

Die ersten Dinosaurier

Ein Rudel hungriger *Coelophysis* stürzt sich auf alles, was sich in der späten Trias auf den ausgedörrten Ebenen Nordamerikas bewegt, wo auf Monate schwerer Regenfälle lange, trockene Sommer folgen. Die flinken, kräftigen *Coelophysis* überlebten die jährlichen Dürrezeiten, indem sie alles fraßen, was sie finden konnten. Diese Raubsaurier vermochten im Rudel selbst die größten Tiere ihrer Zeit zu erlegen.

Archosaurier-Merkmale

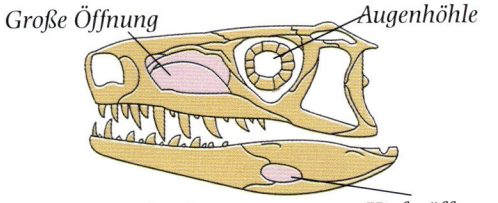

EUPARKERIA-SCHÄDEL

Der Schädel des frühen Archosauriers *Euparkeria* (oben) weist einige typische Archosaurier-Merkmale auf. Vor dem Auge liegt eine große Öffnung. Eine kleinere befindet sich im Unterkiefer. Die Öffnungen könnten Drüsen enthalten haben, vielleicht zum Salzausscheiden. Das Skelett von *Saurosuchus* (rechts) zeigt andere wichtige Merkmale, darunter eine Reihe Knochenplatten in der Haut des Rückens, einen langen Schwanz und eine halb aufrechte Haltung. Die Hinterbeine sind kräftiger und länger als die Vorderbeine.

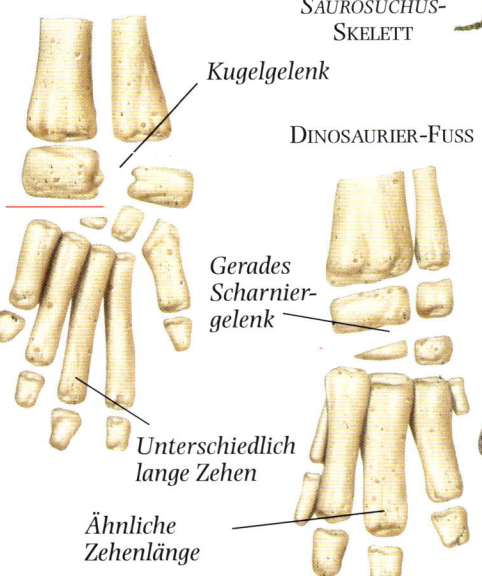

ARCHOSAURIER-FUSS

Kugelgelenk

DINOSAURIER-FUSS

Gerades Scharniergelenk

Unterschiedlich lange Zehen

Ähnliche Zehenlänge

Archosaurier-Knöchel

Der Wechsel von der halb aufrechten Haltung der Archosaurier zu der vollständig aufrechten Haltung der Dinosaurier setzte Veränderungen im Knöchelgelenk und Fuß voraus. Da der Archosaurier-Fuß teilweise seitlich vom Körper wegstand, musste das Knöchelgelenk seitlich gedreht werden können, wenn sich der Körper am Fuß vorbeibewegte. Darum hatten die Archosaurier ein Kugelgelenk im Knöchel. Der Dinosaurier-Knöchel brauchte sich jedoch nur nach vorn und nach hinten zu beugen, wenn der Körper sich darüber wegbewegte, darum verschwand das Kugelgelenk. Ein weiterer Unterschied war, dass Dinosaurier-Zehen fast gleich lang waren, während Archosaurier-Zehen verschieden lang waren, um der Drehbewegung zu entsprechen.

Dinosaurier erscheinen

Der Aufstieg der Dinosaurier zu den wichtigsten Landtieren zog sich über mehrere Millionen Jahre hin. Sie entwickelten sich aus einer ungemein erfolgreichen Gruppe von Reptilien, den Archosauriern, die im späten Perm auftraten. In der Trias wurden die Archosaurier die dominierenden Raubtiere auf dem Festland. Eine kleine Gruppe von Archosauriern entwickelte besondere Merkmale am Schädel und in der Art, wie sie liefen. Vielleicht gab es noch andere neue Merkmale, wie eine Verbesserung des Herzens und des Stoffwechsels, die aber an Fossilien nicht feststellbar sind. Diese Veränderungen machten sie zu Dinosauriern, die nach und nach die zahlreichsten und vorherrschenden Tiere auf der Erde wurden.

Knochenplatten

Langer Schwanz

Hinterbeine länger als Vorderbeine

SAUROSUCHUS-SKELETT

Körperhaltung

Alle frühen Reptilien hatten Beine, die seitlich abstanden – eine Haltung, die sie von ihren Amphibien-Vorfahren geerbt hatten und die viele moderne Reptilien noch heute haben. Dieser Stand ist für kleine Tiere geeignet, erlaubt aber nur eine langsame Bewegung. Tiere, die schnell laufen mussten, um zu fliehen oder eine Beute zu jagen, entwickelten eine aufrechtere Haltung, die eine größere Geschwindigkeit erlaubte. Schließlich hatten einige Tiere einen aufrechten Gang entwickelt. Sie waren schneller und konnten größer werden, weil ihr Gewicht von Knochen, nicht von Muskeln getragen wurde.

Bei den meisten Reptilien, wie diesem Proterosuchus, *waren die oberen Beine seitlich vom Körper abgespreizt.*

Einige Reptilien, wie Euparkeria *(links), konnten ihre Beine beim Laufen teilweise unter ihren Körper ziehen. Das ist eine halb aufrechte Haltung.*

Die direkten Vorfahren der Dinosaurier, wie dieser Ornithosuchus (rechts), hatten einen vollständig aufrechten Gang, bei dem die Beine unter dem Körper standen. Diese Haltung haben auch Säugetiere und Vögel.

Erste Dinosaurier 18 • Erste Pterosaurier 28 • Säugetiere und Dinosaurier 31

Die Aufspaltung der Archosaurier

In der mittleren Trias teilten sich Archosaurier in drei Reptiliengruppen auf. Die erste Gruppe, die Vorfahren moderner Krokodile und Alligatoren, erschien vor rund 235 Millionen Jahren. Die zweite waren die Pterosaurier oder Flugsaurier, die sich wahrscheinlich vor etwa 227 Millionen Jahren entwickelten. Die dritte Gruppe waren die Dinosaurier. Gemäß der Aufteilung in diese drei Gruppen starb die Gruppe der Archosaurier am Ende der Trias aus.

gespreizter Stand
halb aufrechter Stand
aufrechter Stand

Theropoden

Die ersten Dinosaurier waren die Saurischier, die sich bald in zwei Gruppen spalteten. Die eine waren die Theropoden, Fleischfresser, die auf zwei Beinen liefen. In den nächsten 160 Millionen Jahren waren Theropoden die größten Raubsaurier an Land. Sie hatten große Köpfe mit kräftigen Kiefern und scharfen, meist gebogenen Zähnen. Die Vordergliedmaßen eigneten sich zum Beutegreifen, und an den Hinterbeinen saßen oft große Klauen zum Töten der Opfer.

◀ *Dies ist ein fossiles Skelett eines Coelophysis, der in der späten Trias in Nordamerika lebte. Mit 3 m Länge war er ein typischer kleinerer Theropode. Die Knochen waren dünn und hohl (der Name Coelophysis bedeutet „hohle Form"). Er war ein schneller Jäger. Der lange Hals konnte auf der Suche nach kleiner Beute von einer Seite zur anderen schnellen.*

Dieses Herrerasaurus-Skelett ist etwa so lang wie Coelophysis, hat aber Merkmale, die für größere Theropoden typisch waren. Der Schädel war lang und bot Ansatzstellen für kräftige Muskeln. Der Kiefer war mit einem Gelenk versehen, sodass er fest zuschnappen konnte. Die Vorderbeine waren kräftig und zum Greifen geeignet. Das ganze Tier war zum Töten gebaut und wurde sogar mit recht großen Beutetieren fertig. ◀

▼ *Der Riojasaurus (unten) war einer der größten Prosauropoden. Er maß stattliche 10 m und hatte einen großen, unförmigen Körper, der von stämmigen, säulenartigen Beinen getragen wurde. Er war nur wenig größer als Plateosaurus, aber viel schwerer und er ging wahrscheinlich auf allen Vieren. Diese Dinosaurier waren vermutlich die vorherrschenden Pflanzenfresser ihrer Zeit.*

Prosauropoden

Die zweite große Gruppe von Saurischiern waren die Sauropodomorphen, die man in Sauropoden und Prosauropoden gliedert und zu denen die größten Dinosaurier gehörten. Als Erste erschienen die Prosauropoden, die sich in der späten Trias entwickelten und bis in das frühe Jura überlebten. Sie entstanden vermutlich aus frühen Theropoden, die zu Gunsten der weniger anstrengenden Lebensweise als Pflanzenfresser aufhörten zu jagen. Prosauropoden traten erstmals vor rund 210 Millionen Jahren im südlichen Afrika auf und verbreiteten sich schnell über den ganzen Erdball.

Plateosaurus wurde etwa 7 m lang, davon entfiel die Hälfte auf den Schwanz. Der lange, schwere Schwanz hielt den Vorderkörper im Gleichgewicht und half Plateosaurus vielleicht, sich aufzurichten und auf den Hinterbeinen zu laufen.

Gefahr in der Trias

Ein hungriger *Postosuchus* belauert eine vorbeiziehende Herde *Placerias*. *Postosuchus* ist der größte Fleischfresser der Trias. Er ernährt sich von den verschiedensten Tieren, darunter säugerähnliche Reptilien, die sehr häufig sind. Obwohl *Postosuchus* schnell und kräftig ist, wagt er es nicht, die robust gebauten *Placerias* anzugreifen. Er hat gelernt, wie tödlich ihre Stoßzähne sein können, und nimmt es daher nur mit einem einzelnen *Placerias* auf, wenn er ihn aus dem Hinterhalt überfallen kann.

Lebensfeindliche Umwelt

Fossilien sind in Gestein erhalten gebliebene Reste von Pflanzen oder Tieren. Meist werden einzelne Tiere gefunden, oft auch nur Teile eines Tieres. Manchmal jedoch umfasst ein Fund viele Tiere auf einmal. An der Fundstätte Ghost Ranch in New Mexico wurden Dutzende von übereinander gestapelten *Coelophysis*-Skeletten gefunden. Ein ganzes Rudel war vermutlich bei einer Überschwemmung ertrunken und verschüttet worden. Derartige Ereignisse sind zwar dramatisch, erklären aber nicht, warum eine Art ausstirbt. Meist gibt es bei einer Flut oder einer Dürre einige Überlebende. Veränderungen der Umwelt, die das Massensterben im Perm verursachten, sind schlimmer. Auch in der mittleren Trias starben viele Reptilgruppen aus und wurden von Dinosauriern ersetzt. Vielleicht gewannen die Dinosaurier die Oberhand, weil sie besser mit den Dürren jener Zeit fertig wurden. Einige Forscher glauben jedoch, dass der Einschlag eines Meteoriten Klimaveränderungen verursachte, die andere Reptilien umbrachten.

- Massensterben im Perm 13
- Gefahr in der Trias 22
- Die ersten Säugetiere 32

Placerias
Einer der häufigsten Pflanzenfresser in der späten Trias war das Reptil *Placerias*. Es wurde 3 m lang und wog rund eine Tonne. Seinen Erfolg verdankte *Placerias* vermutlich seinen Zähnen, die er vorwärts und rückwärts bewegen konnte, um harte Pflanzenkost zu zerkleinern. Trotz seiner Größe konnte *Placerias* gegen ein Rudel *Coelophysis* nichts ausrichten. Er konnte höchstens versuchen, die Angreifer mit seinen Stoßzähnen zu verletzen und in die Flucht zu treiben.

Überleben in der Trias

Die Herrschaft der Dinosaurier begann in der Triaszeit. In dieser Periode gab es keine Tiergruppe, die dominierend war. Vielmehr konkurrierten viele Geschöpfe um Nahrung und Lebensraum. An Land herrschten mehrere verschiedenartige Reptiliengruppen vor. Am häufigsten waren in der frühen und mittleren Trias säugerähnliche Reptilien der Cynodonten- und Dicynodonten-Gruppe. Später wurde in der Trias die Reptilgruppe der Diapsiden zahlreicher. Zu ihnen gehörten Krokodile, Pterosaurier und Dinosaurier.

◄ *Libellen entwickelten sich viele Millionen Jahre vor der Trias. Sie waren die größten Jäger unter den Fluginsekten.*

Postosuchus
Postosuchus war das größte, gefährlichste Raubtier der späten Trias. Er war ungefähr 6 m lang und konnte sich auf den Hinterbeinen aufrichten, wenn er ein Beutetier packen wollte. Er jagte vermutlich überfallartig aus dem Hinterhalt und biss selbst bei größeren Tieren, wie *Placerias*, zu, bevor das Opfer reagieren konnte. *Postosuchus* war mit den Vorfahren der Krokodile verwandt.

▲ *Rutiodon* war ein typischer Phytosaurier mit einem krokodilähnlichen Körper und abgespreizten Beinen. Er erreichte eine Länge von 3 m.

Krokodilähnliche Raubtiere

Im nördlichen Pangäa entwickelte sich in der späten Trias eine Gruppe von Raubtieren, Phytosaurier genannt. Sie waren einige Millionen Jahre lang häufig und starben dann aus. Sie sahen wie Krokodile aus, hatten aber einen Panzer aus in der Haut sitzenden Knochenplatten. Sie entwickelten auch eine ähnliche Lebensweise wie Krokodile, die beiden Gruppen waren aber nur entfernt miteinander verwandt.

◀ *Dieser fossilierte Schädel des Phytosauriers* Nicrosaurus *ist lang und schmal, mit kleinen, scharfen Zähnen. Wissenschaftler glauben, dass* Nicrosaurus *sich von Fischen ernährte, die er in Flüssen und Seen der späten Trias fing. Die Nasenlöcher saßen oben auf dem Schädel, damit er seinen Kiefer bei der Jagd unter Wasser halten konnte.*

Cynodonten

Zu den Raubtieren der Trias gehörten die Cynodonten. Diese Tiere erschienen erstmals im späten Perm und lebten bis zur späten Trias. Der Name *Cynodont* bedeutet „Hundezahn". Die Cynodonten zählt man zu den säugerähnlichen Reptilien. Sie haben einige Merkmale von Säugetieren. Gegen Ende der Trias entwickelten sich aus den Cynodonten die Säugetiere.

◀ *Cynognathus hatte ein Haarkleid, das ihm half, eine gleichmäßige Körpertemperatur zu halten, was andere Reptilien nicht konnten. Das Tier wurde ungefähr 1 m lang.*

Der Cynognathus-*Schädel zeigt die langen Eckzähne vorne im Maul. Diese Zähne finden sich nur bei Säugetieren und ihren Vorfahren, der Cynodonten-Gruppe der säugetierähnlichen Reptilien.*

Kannibalismus

Tiere fressen üblicherweise nicht ihre eigenen Artgenossen. Selbst die schlimmsten Raubtiere vermeiden Kannibalismus und ernähren sich lieber von Pflanzenfressern. 1947 fanden Wissenschaftler jedoch die Fossilien erwachsener *Coelophysis* mit Knochen von Jungtieren im Bauch. Zuerst dachten sie, dass diese Dinosaurier lebend gebärend statt Eier legend waren. Später stellten sie aber fest, dass die kleinen *Coelophysis*-Skelette nicht vollständig waren. So blieb nur eine Erklärung: Sie waren die letzte Mahlzeit der erwachsenen Tiere vor deren Tod. Vielleicht fraßen die *Coelophysis* alles, was sie bekommen konnten, selbst ihre eigenen Jungen. Einige Forscher nehmen jedoch an, dass das Alttier wohl verletzt war und keine normale Beute mehr erlegen konnte. Vielleicht war es so hungrig, dass es sogar seine eigenen Jungen verschlang, um nicht zu sterben.

Fliegende Reptilien

Ein Paar *Eudimorphodon* hält im Europa der späten Trias über einem Fluss nach Futter Ausschau. Die Zähne dieses Reptils zeigen, dass seine Hauptnahrung Fische waren, die es im Flug aus dem Wasser „schöpfte". Vielleicht hat der junge *Eudimorphodon* Insekten gejagt, weil er noch nicht groß genug war, um einen Fisch davonzutragen. Diese Pterosaurier, die vor rund 220 Millionen Jahren lebten, sind die ältesten, die man bisher kennt.

Gleitflug

Die Fortbewegung in der Luft ist schwierig. Am einfachsten ist das Gleiten, bei dem sich die Geschwindigkeit verringert, mit der ein Körper fällt. Das schaffen am besten Tiere mit einer, im Verhältnis zu ihrem Gewicht, großen Oberfläche. Die meisten Gleitflieger haben große Flughäute. Beim Gleitflug wird keine Muskelkraft eingesetzt, daher ist ein aktives Fliegen nicht möglich.

Kuehneosaurus

Im Europa der späten Trias war der *Kuehneosaurus* ein sehr erfolgreicher Gleitflieger. Er konnte vermutlich bis zu 60 m weit gleiten, wobei er nur 2 m an Höhe verlor. Die Flughaut, die ihm dies erlaubte, war durch verlängerte Rippen gestützt, die seitlich vom Körper abstanden. *Kuehneosaurus* lebte wahrscheinlich in Bäumen und schwebte gleitend von einem Baum zum nächsten, wenn Gefahr drohte.

Sharovipteryx

Der in der späten Trias in Zentralasien lebende *Sharovipteryx* hatte extrem lange Hinterbeine mit einer Flughaut, die zwischen Schwanz und Körper gespannt war. Die Vorderbeine waren viel kürzer und endeten in Krallen. Möglicherweise lief *Sharovipteryx* am Boden, sprang dann in die Luft und glitt vorwärts, um mit seinen Vorderbeinen Insekten zu fangen.

Reptilien auf dem Land 14 •
Aufstieg der Reptilien 16 •
Fliegende Reptilien 27 •
Meere und Seen der Trias 36

Die ersten Pterosaurier

Millionen Jahre lang waren Insekten die einzigen Tiere, die fliegen konnten. Als größte Fluginsekten bevölkerten räuberische Libellen den Himmel und machten Jagd auf kleinere Insekten. Lediglich einige Reptilien entwickelten von Zeit zu Zeit die Fähigkeit, über kürzere Strecken zu gleiten. Dann aber, in der Trias, entstand ein völlig neuer Tiertyp – die Flugsaurier oder Pterosaurier. Sie konnten wirklich fliegen, nicht nur gleiten, und fingen so Insekten im Flug oder stießen aus der Luft auf Fische in Seen und Meeren hinab. Viele Millionen Jahre lang beherrschten die Pterosaurier die Lüfte, bis sie schließlich von den Vögeln verdrängt wurden.

Der Vorfahr der Pterosaurier könnte ein kleines, vierbeiniges Reptil gewesen sein, das in Bäumen lebte.

Als Nächstes entwickelten sich Häute zwischen Vorder- und Hinterbeinen, die zum Gleiten genutzt wurden.

Die nächste Veränderung war vermutlich ein stark verlängerter vierter Finger, um die Hautfläche zu vergrößern und das Gleiten zu verbessern.

Die Entwicklung der Pterosaurier

Die frühesten bekannten Pterosaurier-Fossilien stammen aus der späten Trias. Sie sind voll entwickelt. Bisher fand man keine Fossilien von einem Tier, das die Entwicklung von einem Landreptil zu einem Flugsaurier nur zum Teil durchgemacht hat. Es gibt jedoch an Pterosaurier-Fossilien Hinweise darauf, wie die Entwicklung abgelaufen sein könnte. Die Schädelknochen weisen ähnliche Merkmale auf wie die der frühen Reptilgruppe der Eosuchier aus dem späten Perm. Krokodile und Dinosaurier entwickelten sich später aus dieser Gruppe. Man nimmt an, dass ein kleiner, Baum bewohnender Eosuchier sich zu einem gleitenden Tier entwickelte, von dem dann die Pterosaurier abstammten. Genaue Einzelheiten über die Entwicklung der Pterosaurier sind jedoch nicht bekannt.

Peteinosaurus

Der vor rund 220 Millionen Jahren in Europa lebende *Peteinosaurus* war ein Zeitgenosse von *Eudimorphodon*, aber mit nur 60 cm Flügelspannweite kleiner. Seine vielen kurzen und scharfen Zähne lassen vermuten, dass er sich von Insekten ernährte, die er im Flug fing. Die Flügel waren im Verhältnis zu seinem Körper kurz.

Ein Tier mit richtigen, aus den Vorderbeinen entstandenen Flügeln und mit kräftigen Muskeln zum Auf- und Abbewegen der Flügel war vermutlich der letzte Schritt vor den Pterosauriern.

 Der Fuß von Peteinosaurus weist eine Besonderheit auf. Er hat einen langen fünften Zeh ohne Kralle. Niemand weiß, wozu er diente.

Der Körperbau der Pterosaurier

Alle Flugsaurier hatten den gleichen Körperbau. Die Vordergliedmaßen waren zu Flügeln umgebildet. Der vierte Finger war stark verlängert und stützte den Flügel. Der Armknochen war kurz und durch kräftige Muskeln mit einem sehr großen Brustbein verbunden. Diese Muskeln hielten das Tier durch Heben und Senken der Flügel in der Luft. Drei der Finger hatten Krallen. Ein kleiner Auswuchs am Handgelenk stützte eine Flughaut vor dem Flügel und könnte beim langsamen Flug eingesetzt worden sein. Die Hinterbeine waren vergleichsweise kurz und schlank. Einige Flugsaurier konnten vielleicht aufrecht auf den Hinterbeinen laufen, gingen aber höchstwahrscheinlich vierfüßig. Bei frühen Pterosauriern der Trias bestand die Tendenz zu kürzeren Flügeln und längeren Hinterbeinen als bei späteren Arten. Diese Merkmale könnten den Schluss zulassen, dass sich der Körperbau der Flugsaurier noch in der Entwicklung befand. Spätere Pterosaurier, Pterodactylen genannt, hatten einen sehr kurzen Schwanz, der kaum aus dem Körper ragte.

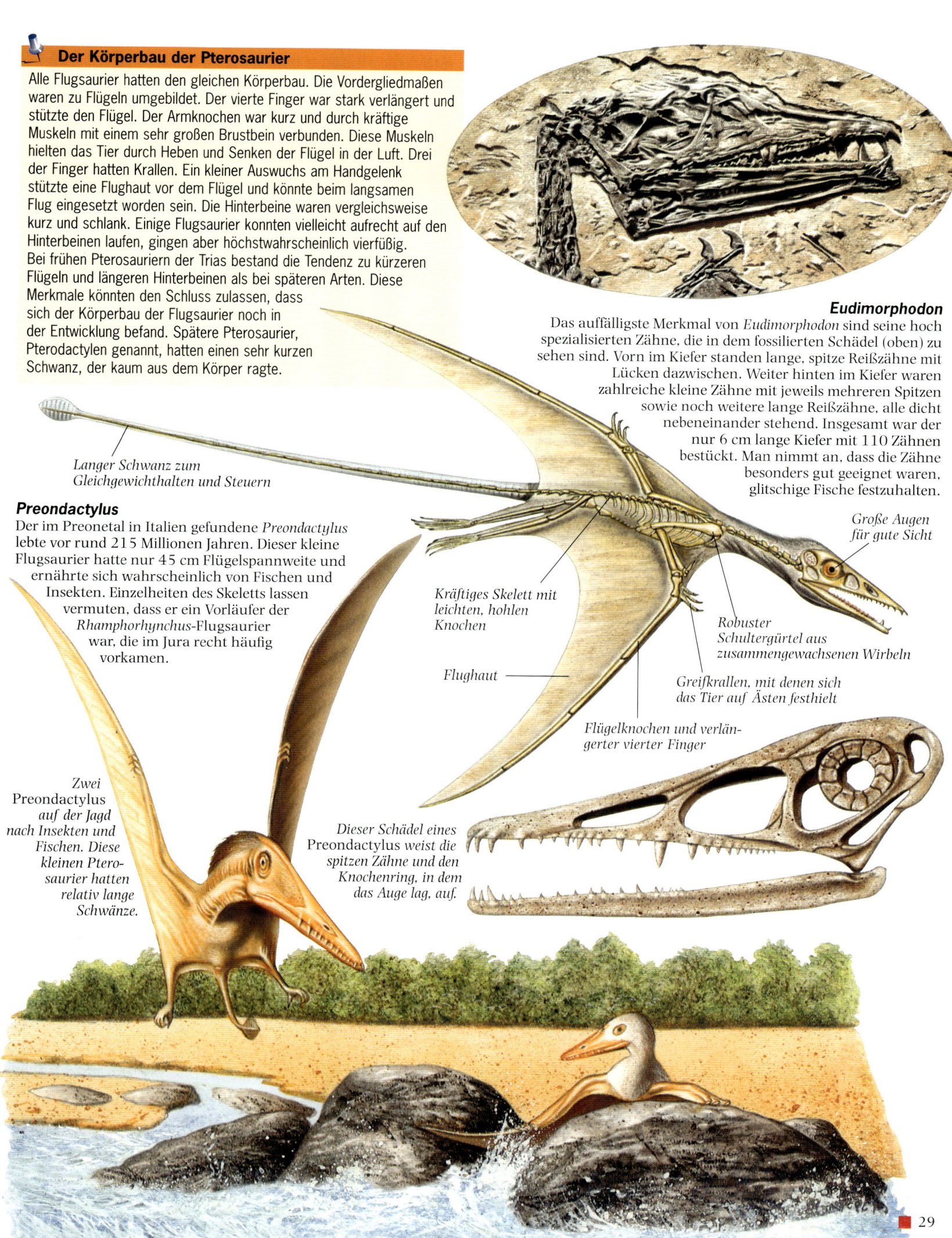

Eudimorphodon
Das auffälligste Merkmal von *Eudimorphodon* sind seine hoch spezialisierten Zähne, die in dem fossilierten Schädel (oben) zu sehen sind. Vorn im Kiefer standen lange, spitze Reißzähne mit Lücken dazwischen. Weiter hinten im Kiefer waren zahlreiche kleine Zähne mit jeweils mehreren Spitzen sowie noch weitere lange Reißzähne, alle dicht nebeneinander stehend. Insgesamt war der nur 6 cm lange Kiefer mit 110 Zähnen bestückt. Man nimmt an, dass die Zähne besonders gut geeignet waren, glitschige Fische festzuhalten.

Langer Schwanz zum Gleichgewichthalten und Steuern

Preondactylus
Der im Preonetal in Italien gefundene *Preondactylus* lebte vor rund 215 Millionen Jahren. Dieser kleine Flugsaurier hatte nur 45 cm Flügelspannweite und ernährte sich wahrscheinlich von Fischen und Insekten. Einzelheiten des Skeletts lassen vermuten, dass er ein Vorläufer der *Rhamphorhynchus*-Flugsaurier war, die im Jura recht häufig vorkamen.

Große Augen für gute Sicht

Kräftiges Skelett mit leichten, hohlen Knochen

Robuster Schultergürtel aus zusammengewachsenen Wirbeln

Flughaut

Greifkrallen, mit denen sich das Tier auf Ästen festhielt

Flügelknochen und verlängerter vierter Finger

Zwei Preondactylus auf der Jagd nach Insekten und Fischen. Diese kleinen Pterosaurier hatten relativ lange Schwänze.

Dieser Schädel eines Preondactylus weist die spitzen Zähne und den Knochenring, in dem das Auge lag, auf.

Säugetiere und Dinosaurier

Während der Furcht erregende Raubsaurier *Herrerasaurus* nach Beute sucht, wagen sich zwei kleine Säugetiere aus dem dichten Unterholz hervor, wo sie sich sonst aufhalten. Der spitznasige *Megazostrodon* jagte Insekten und andere Wirbellose unter zu Boden gefallenen Blättern. Der stumpfnasige *Haramiya* ernährte sich vielleicht von Früchten und saftigen Trieben. Aus Furcht, zur Beute von Fleisch fressenden Dinosauriern zu werden, ließen sich Säugetiere nur selten am Tag sehen.

Synapsiden

Der entfernte Vorfahr säugetierähnlicher Reptilien und der Säugetiere selbst war ein kleines Reptil, das im Karbon vor rund 300 Millionen Jahren lebte. Der Schädel dieses Reptils hatte zwei große Öffnungen in den Knochen hinter und unter den Augen. Hier waren starke Kiefermuskeln befestigt, sodass dieses Reptil mit Kraft zubeißen konnte. Mit der Höherentwicklung dieser Reptilien wurden auch die Kiefer kräftiger und mit Zähnen bestückt, die das Futter optimal zerkleinerten.

Pelycosaurier

Zu Beginn des Perm vor 290 Millionen Jahren entwickelten sich synapside Reptilien zur Gruppe der Pelycosaurier. Diese Tiere hatten die kriechende Körperhaltung der Reptilien, aber Zähne unterschiedlicher Form und Größe, wie die heute lebenden Säugetiere. Bis vor 270 Millionen Jahren waren rund 70 Prozent aller Reptilien Pelycosaurier.

▶ *Einer der größten Pelycosaurier war Dimetrodon, ein Raubreptil aus Nordamerika, das vor rund 270 Millionen Jahren lebte. Er war ungefähr 3 m lang und trug ein Hautsegel auf seinem Rücken, das von Knochen gestützt wurde. Es könnte dazu gedient haben, die Sonnenwärme aufzufangen.*

Die ersten Säugetiere

Dinosaurier und Säugetiere entwickelten sich beide in der späten Trias aus Reptilien-Vorfahren. Dinosaurier erschienen ein paar Millionen Jahre vor den Säugetieren und waren bald in der Lage, die meisten, für größere Landtiere verfügbaren Lebensräume zu besetzen. Die Säugetiere begannen ihre Entwicklung als Insektenjäger und Früchtefresser, die im Unterholz lebten und vermutlich nur nachts aktiv waren. In den nächsten 150 Millionen Jahren blieben Säugetiere klein und unbedeutend, während Dinosaurier die größte und formenreichste Tiergruppe wurden. Weil die Dinosaurier zuerst da waren, eroberten sie die wichtigsten Lebensräume und verhinderten so, dass sich Säugetiere weiterentwickeln konnten.

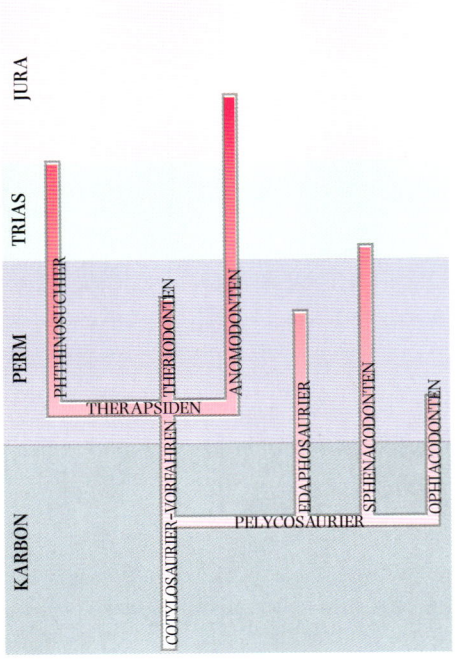

▲ *Das früheste bekannte synapside Reptil ist Archaeothyris, der vor 300 Millionen Jahren in Nordamerika lebte. Er hatte den typischen Synapsiden-Schädel, ähnelte ansonsten aber weitgehend den meisten kleinen Reptilien jener Zeit. Die Beine standen seitlich ab, und er hatte einfache Zähne. Archaeothyris war ungefähr 50 cm lang. Er fraß vermutlich Insekten und Wirbeltiere aus den dichten Wäldern, die fast die ganze Erde bedeckten.*

▲ *Das Skelett von Lycaenops zeigt Merkmale der Therapsiden-Reptilien. Es hat lange Eckzähne und die Beine stehen mehr unter dem Körper und sind nicht seitlich gespreizt wie bei den meisten Reptilien.*

Therapsiden

Vor rund 260 Millionen Jahren entwickelten sich die räuberischen Pelycosaurier zur Reptilgruppe der Therapsiden weiter. Diese hatten größere synapside Schädelöffnungen als ihre Pelycosaurier-Vorfahren und lange Eckzähne, wie spätere Säuger. Therapsiden waren bald weltweit verbreitet und brachten mehrere Gruppen hervor, wie etwa die Pflanzen fressenden Dicynodonten und die Fleisch fressenden Cynodonten.

- Massensterben im Perm 13
- Reptilien auf dem Land 14
- Überleben in der Trias 24

Die Entwicklung des Säugetierkiefers

Der Hauptunterschied zwischen echten Säugetieren und ihren säugetierähnlichen Reptilvorfahren liegt in den Kieferknochen. Bei Reptilien besteht der Unterkiefer aus fünf Knochen, die oft miteinander verbunden sind, und bei manchen Reptilien hin- und herbewegt werden können, um die Form des Mauls zu verändern. Bei den Säugetieren dagegen bildet nur ein Knochen, das Dentale, den ganzen Unterkiefer. Die anderen Kieferknochen wanderten nach innen, bildeten zunächst einen Teil des Kiefergelenks und wurden später zu Mittelohrknochen umfunktioniert.

DIMETRODON-SCHÄDEL (REPTIL)

THRINAXODON-SCHÄDEL (SÄUGERÄHNLICHES REPTIL)

Säugetiermerkmale

Säugetiere haben einige besondere Merkmale. Eines der wichtigsten ist, dass sie lebende Junge gebären und keine Eier legen. Die Jungen werden von der Mutter aus Milchdrüsen gesäugt – daher der Name Säugetier. Säugetiere tragen ein Haarkleid oder ein Fell, das sie warm hält. Sie können selbst Wärme erzeugen, indem sie Nahrung in ihrem Körper verbrennen, während Reptilien Wärme aus ihrer Umgebung aufnehmen müssen. Keines dieser Merkmale lässt sich jedoch von Fossilien ablesen. Wissenschaftler beurteilen vielmehr nach Einzelheiten des Kiefergelenks oder der Zähne und nach dem Knochenbau des Gaumendachs, ob das Fossil zu einem Säugetier oder zu einem säugetierähnlichen Reptil gehört. Es ist noch nicht geklärt, ob bestimmte Fossilien aus der späten Trias und dem frühen Jura von echten Säugetieren stammen oder nicht.

Tasthaare

In den fossilierten Nasenknochen der ersten Säugetiere gefundene Gruben zeigen, dass diese Tiere lange, empfindsame Haare in der Schnauzengegend hatten. Damit können Tiere sich im Dunkeln zurechtfinden, weil sie alles ertasten, bevor sie dagegen stolpern. Manchen Wissenschaftlern zufolge bedeuten Tasthaare, dass frühe Säugetiere nachtaktiv waren. Andere meinen, Tasthaare seien ein Hinweis darauf, dass die Tiere die meiste Zeit in unterirdischen Bauten wohnten. Das hier gezeigte Tier ist ein *Megazostrodon*, ein 12 cm langes Säugetier aus dem Afrika der späten Trias.

Säugetiere und Dinosaurier

Ein *Saltopus*-Dinosaurier frisst ein *Morganucodon*-Säugetier, das er gerade erbeutet hat. Diese Geschöpfe lebten in der späten Trias in Europa, als sowohl Säugetiere als auch Dinosaurier relativ neu auf der Erde waren. *Saltopus* gehörte mit nur 60 cm Länge und 1 kg Gewicht zu den kleineren Raubsauriern. Er konnte schnell laufen und hatte starke Greifhände. Wahrscheinlich jagte er kleine Tiere, wie zum Beispiel Säugetiere. Während des Zeitalters der Dinosaurier blieben die Säugetiere klein und ernährten sich von Insekten oder Früchten. Sie wurden erst größer, als die Dinosaurier ausstarben.

▼ Das Fossil unten gehört zu einem Thrinaxodon, ein säugetierähnliches Reptil der frühen Trias. Die Stellung, in der es gefunden wurde, ist typisch für kleine Säuger, die Winterschlaf halten. Das könnte bedeuten, dass das kleine Geschöpf kalte oder sehr trockene Jahreszeiten schlafend überstand.

DINOSAURIER DER TRIAS

In den Meeren der Trias

Der delfinartige Fischsaurier schwimmt gemächlich durch die flachen Meere der mittleren bis späten Triaswelt. Er hat gerade Mengen von Knochenfischen und garnelenartigen Geschöpfen verspeist und beachtet deshalb die anderen nicht. Später wird er wieder Appetit bekommen. Unter dem Fischsaurier taucht ein scharf bezahnter Nothosaurier nach einem aufgerollten Ammoniten, der zu fliehen versucht. Im Hintergrund nimmt ein hungriger Placodontier ein paar schmackhaft aussehende Fische ins Visier.

Meere, Flüsse und Seen der Trias

Immer mehr Tiere, darunter Kopffüßer mit spiraligen Gehäusen, die Ammoniten, und andere Weichtiere, Muscheln, Schnecken, Seeigel und Knochenfische, lebten in den warmen, flachen Meeren der Trias. Auch die ersten Formen der heute weit verbreiteten Korallen erschienen erstmals in der Trias. Einige Tiere, wie die Ichthyosaurier, Placodontier und Nothosaurier, lebten ausschließlich im Meer, aber viele andere lebten zwischen Wasser und Land oder in den Flüssen und Seen.

Ichthyosaurier

Die Herkunft dieser delfinähnlichen Gruppe von Meeresreptilien ist noch nicht geklärt. Die frühesten Fossilien, die von *Mixosaurus*, stammen aus der frühen Trias. Sie zeigen einen stromlinienförmigen, fischähnlichen Körper (Ichthyosaurier bedeutet „Fischsaurier"). Ichthyosaurier waren ganz an das Leben im Meer angepasst und legten keine Eier an Land. Vielmehr gebaren sie lebende Junge im Wasser. Ichthyosaurier entfalteten sich über 100 Millionen Jahre lang, bevor sie in der Kreide ausstarben.

Shunosaurus (rechts) lebte in der späten Trias. Er ist der größte aller bekannten Ichthyosaurier. Ausgewachsene Tiere wurden bis zu 15 m lang.

Seltsame Reptilien

Wissenschaftler staunten nicht schlecht, als sie Fossilien des Reptils *Tanystropheus* ausgruben, das in der mittleren Trias lebte. Diese sonderbaren Geschöpfe wurden 7 m lang, aber fast die Hälfte ihrer Körperlänge bestand aus dem Hals. Vermutlich diente der lange Hals zum Fang ihrer Hauptnahrung – Fische. Bei neugeborenen *Tanystropheus* stand die Halslänge im Verhältnis zu ihrer Körperlänge. Die Kleinen ernährten sich von Insekten. Bis sie erwachsen waren, hatten ihre Hälse 3,5 m Länge erreicht.

Tanystropheus verbrachte sein Leben nicht nur im Wasser. Seine Fossilien wurden in Küstengebieten gefunden. Wahrscheinlich nutzte er seinen langen Hals, um vom Ufer aus zu fischen.

Waldseen
Obwohl die Landschaft der Trias mit der Zeit trockener wurde, gab es doch immer noch Flüsse, Seen und Feuchtgebiete. Dort lebten Amphibien, Reptilien und Fische. Diese Tiere ernährten sich von Fischen und den unzähligen Arten von Schnecken, Muscheln und Krebsen.

◀ *Metoposaurus lebte amphibisch in den Feuchtgebieten von Arizona. Er war zwar groß und stämmig, hatte aber keinen aktiven Jagdstil. Vermutlich lag er am Grund des Sees und lauerte vorbeikommender Beute auf.*

Die späte Triaszeit
Die späte Trias war eine Zeit der Wende. Die Dinosaurier waren nicht die einzige neue Gruppe. Sie erschienen zusammen mit den ersten echten Säugetieren, den ersten Krokodilen und Flugsauriern, den ersten Schildkröten und den ersten Sphenodon-Reptilien, Vorfahren der modernen Brückenechse (unten).

Aber die Dinosaurier waren die erfolgreichsten der Trias-Neulinge. In den letzten 10 Millionen Jahren dieses Erdzeitalters entwickelten sie eine enorme Formenvielfalt. Sie wurden weltweit vorherrschend und blieben es für die nächsten 100 Millionen Jahre.

Froschlurche
Heutige Frösche und Kröten gehören zur Ordnung der Froschlurche, die im Gegensatz zu den Schwanzlurchen keinen Schwanz haben. Ihre Vorfahren entwickelten sich in der frühen Triaszeit. *Triadobatrachus* (rechts) lebte vor rund 240 Millionen Jahren auf Madagaskar. Er war etwa 10 cm lang und gilt als der erste bekannte Frosch.

Schildkröten
Schildkröten haben sich kaum verändert, seit sie in der späten Trias erstmals erschienen sind. Schon die frühesten Arten besaßen einen Panzer, unter den sie sich bei Gefahr zurückziehen konnten. Dieser *Proganochelys* (unten) ist eine der ersten Schildkröten. Er lebte in Deutschland und erreichte etwa 1 m Länge.

Amphibien der Trias
Labyrinthodonten waren die ersten Wirbeltiere aus dem Meer, die im späten Devon das Land eroberten. Sie hatten ihre Blütezeit bis zum frühen Jura. Eines der sonderbarsten Mitglieder dieser Gruppe war *Gerrothrax* (unten). Er lebte gegen Ende der Trias in Süddeutschland.

Gerrothrax wurde fast ▶ *1 m lang und hatte Kiemen sowie einen flachen, gepanzerten Körper mit einem kurzen Schwanz und kleinen Beinen.*

Die Welt der Dinosaurier 8 •
Aufstieg der Reptilien 16 •
Die ersten Dinosaurier 18

Das Dinosaurierzeitalter beginnt

Die ersten Dinosaurier entwickelten sich in der Triaszeit, aber erst im Jura traten sie die Weltherrschaft an. Der große Erfolg der Dinosaurier war sowohl in ihren eigenen Fähigkeiten als auch in Umweltfaktoren begründet. Dinosaurier hatten aufrechte Beine, auf denen sie schneller laufen konnten als andere Reptilien. Vermutlich hatten sie auch verbesserte Organe, wie ein Herz mit vier Kammern, die zu ihrem Überleben beitrugen. Aber nicht nur die Dinosaurier waren im Jura erfolgreich. Andere Reptilien, wie fliegende Pterosaurier und schwimmende Plesiosaurier, nahmen an Größe und Artenzahl zu.

▲ *Die Welt im mittleren Jura*

Die Welt verändert sich

Zu Beginn des Jura hingen die Landmassen der Erde noch zusammen. Die Dinosaurier waren überall zu Hause. Als das Klima allmählich feuchter und wärmer wurde, gedieh vielerorts ein üppiger Pflanzenwuchs, wo zuvor Wüsten waren. Da die Dinosaurier Nahrung und Lebensraum in Hülle und Fülle zur Verfügung hatten, wuchsen sie zu ungeheurer Größe heran und wurden enorm zahlreich.

◀ *In den Wäldern des Jura lebten viele Tiere. Die größten waren die Sauropoden, wie Diplodocus, die sich von Pflanzen ernährten. Beim Fressen mussten sich diese Riesen vor gierigen Raubsauriern, wie Eustreptospondylus, in Acht nehmen. Viel kleinere Tiere, wie zum Beispiel Säugetiere, waren im Unterholz unterwegs.*

Der Luftraum im Jura

Bis kurz vor Beginn der Jurazeit waren die einzigen fliegenden Geschöpfe Insekten. Das änderte sich mit den Pterosauriern. Diese Reptilien besaßen lange Flügel, die aus lederartiger Haut bestanden und von dem verlängerten vierten Finger der Hand gestützt wurden. Kräftige Armmuskeln bewegten die Flügel auf und ab und ermöglichten es den Pterosauriern, schnell und behände zu fliegen. Die frühen Pterosaurier hatten lange Schwänze und werden als Rhamphorhynchoiden bezeichnet.

◀ *Das ist das Skelett eines Barosaurus, einer Art der Sauropoden. Er wurde bis 25 m lang und lebte gegen Ende der Jurazeit.*

◀ *Rhamphorhynchus lebte vor rund 175 Millionen Jahren und machte an den Küsten des südlichen Europas Jagd auf Fische.*

Das Zeitalter der Riesen

Im Jura lebten viele riesenhafte Tiere, darum nennt man diese Epoche auch das „Zeitalter der Riesen". Am imposantesten waren die Dinosaurier, und von diesen waren die größten die Sauropoden. Die Sauropoden waren eine Familie von Pflanzen fressenden Dinosauriern mit langen Hälsen und Schwänzen und massigen, tonnenförmigen Körpern, die auf vier dicken Beinen standen. Einige Sauropoden wurden über 30 m lang und könnten rund 80 Tonnen gewogen haben. Zu ihnen gehörten die größten Landtiere überhaupt, aber sie waren nicht allein. Stegosaurier waren Pflanzen fressende Dinosaurier, die mit Platten und Stacheln bewehrt waren. Der größte erreichte 9 m Länge und wog etwa 3 Tonnen. Auch Raubsaurier wurden größer – bis zu 12 m lang und 2 Tonnen schwer. Obwohl die Dinosaurier nach dem Ende des Jura noch weitere 60 Millionen Jahre vorherrschten, waren sie nie wieder so groß wie im Zeitalter der Riesen.

Dieser versteinerte Samen aus dem Jura stammt von einem Baum, ähnlich der heutigen Schuppentanne. ▼

Pflanzen im Jura

Die Pflanzen, die Dinosaurier fraßen, glichen heutigen Pflanzen, aber es gab auch Unterschiede. Die Nadelbäume und Farne, die damals wuchsen, würden uns bekannt vorkommen. Auch Pflanzen, die heute selten sind, wie Schachtelhalme und Baumfarne, waren damals verbreitet. Einige Jura-Pflanzen hingegen, wie Cycadeen, sind ganz ausgestorben und Blütenpflanzen, die heute vorherrschend sind, gab es überhaupt noch nicht.

Meere im Jura

Im Laufe des Jura waren weite Gebiete, die heute Land sind, von warmen, seichten Meeren überflutet. Sie wimmelten von Fischen und anderer Nahrung für meeresbewohnende Reptilien. Folglich entwickelten sich mehrere Arten von Meeresreptilien weiter, die erfolgreichsten waren die Plesiosaurier. Diese Reptilien hatten dicke Körper mit vier paddelartigen Flossen und einem muskulösen Schwanz. Eine Gruppe der Plesiosaurier, die Pliosaurier, hatte sehr große Köpfe und jagte größere Tiere.

Prosauropoden 40 • Jurassische Riesen 45 • Jäger der Riesensaurier 49 • Der Himmel im Jura 56 • Leben in den Jura-Meeren 60

▲ *Liopleurodon war ein Pliosaurier, der 12 m lang wurde. Trotz seiner Größe war er ein gewandter Schwimmer und konnte bei der Verfolgung seiner Beute schnelle Wenden machen.*

DINOSAURIER DES JURA

Prosauropoden

Zu Beginn des Jura waren die am zahlreichsten vertretenen Dinosaurier Prosauropoden. Einige wurden kaum größer als ein Schaf heute, aber andere erreichten bis zu 12 m Länge. Sie waren alle Pflanzenfresser und reckten ihre langen Hälse, um an Blätter zu kommen, die für andere Tiere unerreichbar waren. Vor ungefähr 185 Millionen Jahren wurden die Prosauropoden von anderen Pflanzen fressenden Dinosauriern verdrängt und starben aus.

Sauropodomorphe

Über 150 Millionen Jahre lang waren die Sauropodomorphen die größten Landtiere. Es gab viele verschiedene Typen, aber alle gehörten einer von zwei Gruppen an. Die Prosauropoden erschienen in der späten Trias und hatten sich weltweit verbreitet, als der Jura begann. Diese Dinosaurier waren Pflanzenfresser mit langen Hälsen und Schwänzen. Innerhalb von wenigen Millionen Jahren waren die Prosauropoden jedoch ausgestorben und durch die Sauropoden ersetzt. Diese Dinosaurier waren viel größer, hatten aber wie die Prosauropoden lange Hälse und Schwänze.

Der Stammbaum der Sauropodomorphen teilte sich vor rund 210 Millionen Jahren. Es ist nicht klar, ob die Sauropoden aus einer Form von Prosauropoden entstanden waren oder, ob die beiden Gruppen einen gemeinsamen Stammvater hatten.

Die frühe Jurazeit

Die frühe Jurazeit brachte viele Veränderungen. Zahlreiche Reptilien, die in der Trias häufig vorkamen, waren nun von Dinosauriern verdrängt und ausgestorben. Die Dinosaurier entwickelten eine große Artenfülle – neue erschienen und andere starben aus. Während der ersten Jahrmillionen des Jura wurden die Dinosaurier immer größer und schwerer. Bis zur Mitte des Jura hatten sich die Dinosaurier zu den größten Tieren entwickelt, die je auf der Erde lebten.

Anchisaurus
Dieser Dinosaurier lebte in Nordamerika zu Beginn des Jura. Er wurde nur etwa 2,5 m lang und lief die meiste Zeit auf allen vieren. Wenn er auf der Flucht vor Raubsauriern schnell sein musste, konnte er auf den Hinterbeinen rennen. Hatte er keine Möglichkeit zu entkommen, verteidigte er sich mit den großen Klauen an seinen Vorderfüßen.

▲ *Anchisaurus* konnte über kurze Strecken auf seinen Hinterbeinen laufen.

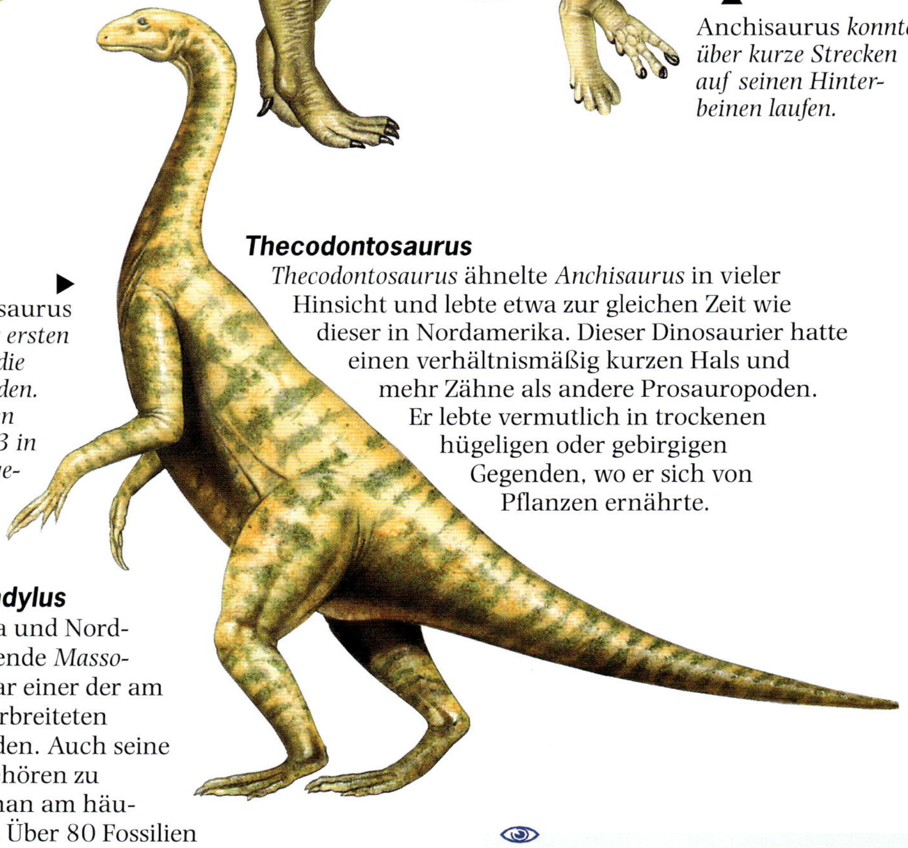

Thecodontosaurus
Thecodontosaurus ähnelte *Anchisaurus* in vieler Hinsicht und lebte etwa zur gleichen Zeit wie dieser in Nordamerika. Dieser Dinosaurier hatte einen verhältnismäßig kurzen Hals und mehr Zähne als andere Prosauropoden. Er lebte vermutlich in trockenen hügeligen oder gebirgigen Gegenden, wo er sich von Pflanzen ernährte.

▶ *Thecodontosaurus* war einer der ersten Dinosaurier, die entdeckt wurden. Seine Fossilien wurden 1843 in England ausgegraben.

Massospondylus
Der in Afrika und Nordamerika lebende *Massospondylus* war einer der am weitesten verbreiteten Prosauropoden. Auch seine Überreste gehören zu denen, die man am häufigsten fand. Über 80 Fossilien sind von Wissenschaftlern freigelegt worden. *Massospondylus* wurde fast 4 m lang, hatte aber einen kleinen Kopf, der im Verhältnis zum Körper kleiner als der anderer Prosauropoden war. An seinen Vorderfüßen saßen große Klauen, die vielleicht zum Ergreifen von Pflanzennahrung und zum Laufen dienten.

◀ Dies ist das Skelett von einem *Massospondylus*.

Das Dinosaurierzeitalter beginnt 38 • Jurassische Riesen 45 • Ein Sauropode von innen 50 • *Stegosaurus* 64

◀ *Diplodocus* und Brachiosaurus würden eine moderne Giraffe überragen und waren im Vergleich zum Menschen geradezu riesig.

▼ *Massospondylus* war lang und dünn und hatte einen Körper, der etwa so groß war wie ein Mensch.

Größenunterschiede

In der Größe der frühen Dinosaurier gab es gewaltige Unterschiede, wie hier im Vergleich mit einem Menschen und einer Giraffe dargestellt ist. Die kleineren dieser Dinosaurier gehörten zu den leichtesten und kleinsten aller Dinosaurier, aber die größeren waren die größten Tiere aller Zeiten.

▲ *Scutellosaurus*, *Lesothosaurus* und *Thecodontosaurus* waren nur etwa so groß wie ein kleiner Hund.

▲ *Plateosaurus* war groß und plump, aber *Anchisaurus* war klein und schlank.

Scutellosaurus

Dieser 1,2 m lange Dinosaurier aus Nordamerika unterschied sich von den anderen frühen Dinosauriern, weil er einen Rückenpanzer besaß.
Hornüberzogene Knochenbuckel schützten Rücken, Flanken und Schwanzansatz. Wie alle Ornithischier zerkleinerte *Scutellosaurus* Pflanzen mit seinen Zähnen, bevor er sie hinunterschluckte.

Lesothosaurus

Lesothosaurus, der nach dem afrikanischen Land, in dem seine Fossilien gefunden wurden, benannt ist, war auf den heißen, trockenen Ebenen häufig. Er hatte lange, kräftige Hinterbeine, die ihn zum schnellen Läufer machten, und einen stämmigen, starken Schwanz, den er als Gegengewicht benutzte. Der Hals war sehr biegsam, sodass er den Kopf nach allen Seiten drehen konnte.

Ornithischier

Die meisten der bisher gefundenen Fossilien sehr früher Dinosaurier gehören zur Gruppe der Saurischier – Echsenbeckensaurier. Erst gegen Ende des Jura wurden Ornithischier-Dinosaurier – Vogelbeckensaurier – zahlreicher. Einige gab es aber auch schon im frühen Jura. Das waren die Fabrosaurier, die überall in Afrika, Asien, Europa und auf dem amerikanischen Doppelkontinent lebten. Sie waren zunächst sehr klein, kaum halb so hoch wie ein Mensch, und sehr schnell. Sie konnten auf allen vieren gehen, liefen aber, mit Ausnahme von *Scutellosaurus*, höchstwahrscheinlich auf ihren Hinterbeinen und hatten so die Vorderbeine zur Futtersuche frei. Die Zähne waren klein und blattförmig mit messerscharfen Kanten. Damit zerkleinerten sie die Pflanzenkost, bevor sie hinuntergeschluckt und verdaut wurde. Diese kleinen Dinosaurier entwickelten sich später zu einer verwirrenden Fülle von Arten unterschiedlichster Größen.

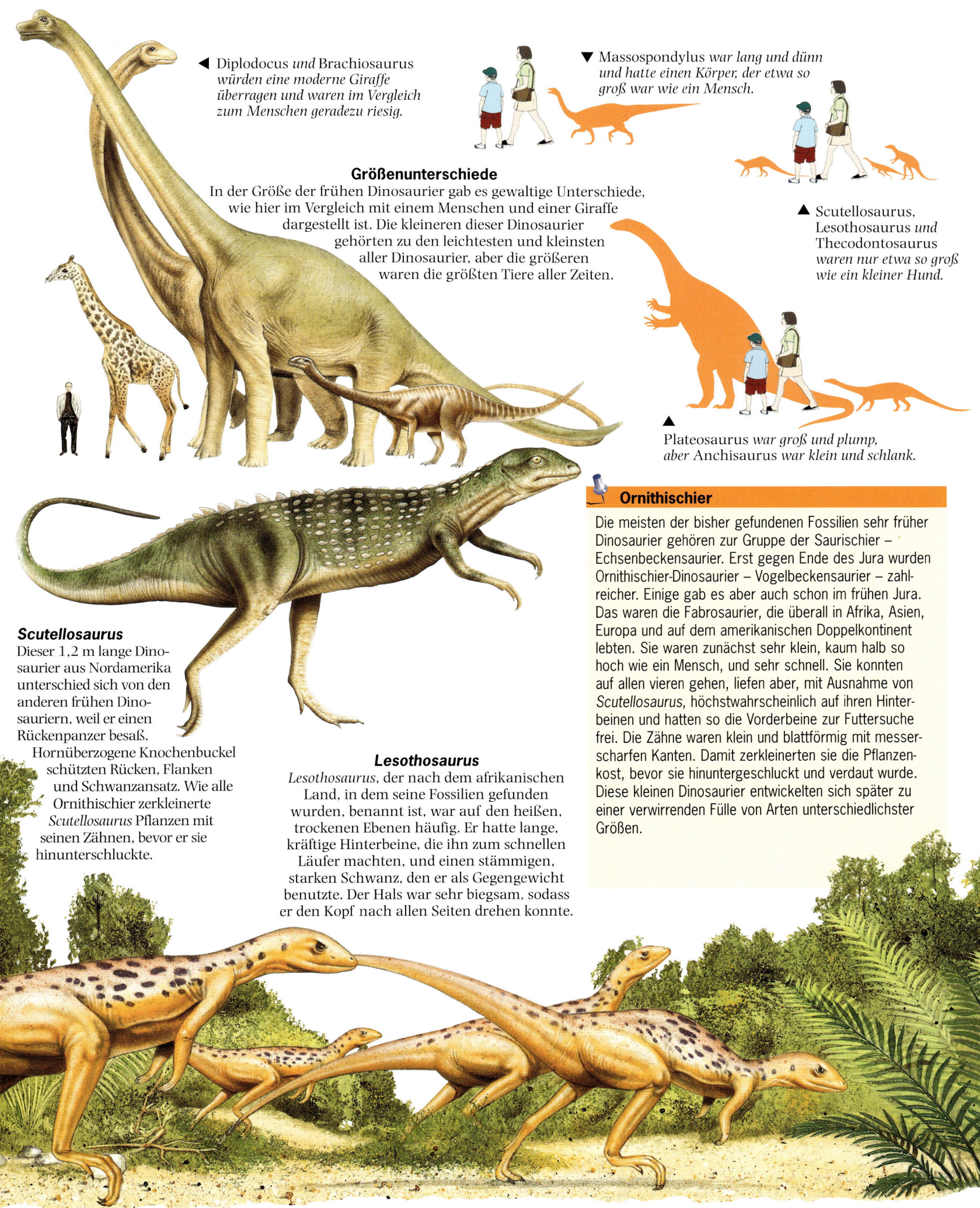

DINOSAURIER DES JURA 43

Jurassische Riesen

Riesenhafte Dinosaurier stapften im Jura auf säulenartigen Beinen über die Erde. Die massigen Sauropoden, wie *Diplodocus*, *Brachiosaurus* und *Barosaurus*, waren die größten Landtiere, die je existiert haben. Einige dieser Sauropoden waren so schwer wie ein Dutzend Elefanten und ragten mit langen Hälsen turmhoch in die Luft.

Vulcanodon war ein etwa 6,5 m langes, plumpes Tier. Man fand Fossilien vom Körper und von den Beinen, weiß aber nicht, wie der Kopf aussah.

Primitive Sauropoden

Einer der frühesten bisher bekannten Sauropoden ist *Vulcanodon* aus Simbabwe. Er lebte vor rund 185 Millionen Jahren. Dieser Dinosaurier hatte ein Becken wie das der Prosauropoden, aber Beine und eine Wirbelsäule, die denen eines Sauropoden glichen. *Vulcanodon* ist zwar weder eindeutig ein Sauropode noch ein Prosauropode, vermittelt uns aber ein Bild vom Aussehen der ältesten Sauropoden.

Pflanzenfresser im Jura

Im Verlauf des Jura war das Festland bei einem überwiegend milden Klima von dichten Wäldern und sumpfigen Ebenen bedeckt. Pflanzen wuchsen in üppiger Fülle und boten den Pflanzenfressern reichlich Nahrung. Die größten und zahlreichsten unter ihnen waren die Sauropoden. Diese Dinosaurier werden in Familien eingeteilt, von denen jede aus mehreren Arten mit gemeinsamen Merkmalen besteht. Die Brachiosauriden zum Beispiel hatten Vorderbeine, die länger als die Hinterbeine waren. Andere Sauropoden gehörten zur Gruppe der Ornithischier, aber sie waren im ganzen Jura viel kleiner und weniger zahlreich vertreten.

Pflanzenfresser-Parade

Sauropoden waren weltweit verbreitet, und ihre Fossilien fand man auf jedem Kontinent. Sie lebten sogar auf Antarktika, das damals dicht bewachsen und noch nicht wie heute eine Eiswüste war. Obwohl es geringe Unterschiede bei den Sauropoden in den verschiedenen Gegenden gab, kamen die Hauptfamilien auf jedem Kontinent vor.

▲ *Camarasaurus* konnte seinen Hals auf und ab, aber nicht zur Seite bewegen.

Camarasaurus (Gekammerte Echse)

Familie: Camarasauriden
Zeit: vor 140 Mio. Jahren
Fundort: Nordamerika
Länge: 18 m
Gewicht: 20 Tonnen
Hauptmerkmal: sehr große Klaue am Vorderfuß, vielleicht zum Graben nach Nahrung benutzt.

Brachiosaurus (Armechse)

Familie: Brachiosauriden
Zeit: vor 150 Mio. Jahren
Fundort: Ostafrika und Nordamerika
Länge: 22,5 m
Gewicht: 50 Tonnen
Hauptmerkmal: große, meißel-förmige Zähne.

Diplodocus (Doppelbalkensaurier)

Familie: Diplodociden
Zeit: vor 145 Mio. Jahren
Fundort: Nordamerika
Länge: 27 m
Gewicht: 10–12 Tonnen
Hauptmerkmal: Nasenlöcher liegen oben auf dem Kopf, zwischen den Augen.

Cetiosaurus (Walechse)

Familie: Cetiosauriden
Zeit: vor 160 Mio. Jahren
Fundort: Europa
Länge: 18 m
Gewicht: 10 Tonnen
Hauptmerkmal: ein relativ kurzer Hals.

Das Dinosaurierzeitalter beginnt 38 • Prosauropoden 40 • Ein Sauropode von innen 50 • Jäger der Riesensaurier 49

Dryosaurus
Dieser Dinosaurier gehörte zur Ornithopoden-Familie der Hypsilophodonten. Er war nur etwa 3,5 m lang, konnte aber auf seinen langen, schlanken Hinterbeinen sehr flink laufen. Die Vorderbeine endeten in fünf kurzen Fingern, mit denen er wahrscheinlich nach Pflanzennahrung griff. Der Oberkiefer trug vorne keine Zähne, aber vielleicht wurde ein Schnabel zum Abweiden von Pflanzenteilen benutzt.

Andere Pflanzenfresser des mittleren bis späten Jura
Obwohl Sauropoden die größten und häufigsten jurassischen Pflanzenfresser waren, waren sie nicht die einzigen. Viele andere Pflanzenfresser zählten zu den Ornithischiern und gehörten zur Gruppe der Ornithopoden („Vogelfüße"). Diese Dinosaurier liefen auf ihren Hinterbeinen und hinterließen Abdrücke, die mit drei Zehen, von denen jede in einer kleinen Klaue endet, denen moderner Vögel gleichen.

Backenzähne

Kleine, scharfe Zähne

Camptosaurus
Dieser mittelgroße Dinosaurier war der erste einer Gruppe, die später sehr zahlreich werden sollte – die Iguanodonten. *Camptosaurus* wurde etwa 6 m lang und wog bis zu 4 Tonnen. Er lebte gegen Ende des Jura 145 Millionen Jahre lang in Europa und Nordamerika. Dieser Dinosaurier stützte sich auf seine Vorderbeine, wenn er am Boden wachsende Pflanzen fraß, lief aber sonst auf seinen Hinterbeinen.

Mamenchisaurus (Echse aus Mamench)
Familie: Diplodociden
Zeit: vor 150 Mio. Jahren
Fundort: Zentralasien
Länge: 22 m
Gewicht: 17 Tonnen
Hauptmerkmal: Halswirbel doppelt so lang wie ähnliche Knochen am Rücken.

Heterodontosaurus
Dieser Dinosaurier maß nur knapp 1,2 m und gehörte zur Familie der Fabrosauriden. Der Name bedeutet „Echse mit unterschiedlichen Zähnen", denn er besaß drei Zahnarten. Vorne standen kleine, scharfe Zähne zum Abreißen der Blätter, hinten zerrieben breite Zähne die Blätter zu einem Brei. Dazwischen standen lange, scharfe Eckzähne, die wohl zum Verjagen von Raubsauriern oder auch bei Revierkämpfen eingesetzt wurden.

▲ *Mamenchisaurus hatte den längsten Hals aller bekannten Dinosaurier.*

Apatosaurus hieß früher Brontosaurus – „Donnerechse". ▶

Apatosaurus (Täuschechse)
Familie: Diplodociden
Zeit: vor 145 Mio. Jahren
Fundort: Nordamerika
Länge: 21–27 m
Gewicht: 35 Tonnen
Hauptmerkmal: Zähne wie lange, gerade Nägel geformt.

Barosaurus (Schwere Echse)
Familie: Diplodociden
Zeit: vor 145 Mio. Jahren
Fundort: Nordamerika
Länge: 25 m
Gewicht: 17 Tonnen
Hauptmerkmal: Knochen im Schwanz kürzer als üblich.

◀ *Barosaurus ähnelte Diplodocus, und manche Wissenschaftler halten sie für leicht veränderte Versionen des gleichen Tieres.*

DINOSAURIER DES JURA

Jäger der Riesensaurier

Ein Rudel fressgieriger Raubsaurier hat einen gigantischen Sauropoden in den Weiten der jurassischen Landschaft gestellt. Diese Furcht erregenden Tiere waren mit scharfen Zähnen und Krallen ausgerüstet. Sie konnten einen Sauropoden in wenigen Stunden niederringen und verschlingen. Im Schatten der Bäume warteten viele kleinere Raubtiere auf ihre Chance, sich an den Überresten eines Mahls der größeren Räuber satt zu fressen.

Ein Sauropode von innen

Sauropoden waren gewaltige Kolosse. Ihre schiere Größe machte es für ihren Körper schwierig, richtig zu funktionieren. Unter einem derart schweren Gewicht nicht zusammenzubrechen, war vermutlich ihr größtes Problem, aber sie mussten auch genug Futter finden und ein Herz haben, das stark genug war, um das Blut durch den ganzen Körper zu pumpen. Die Sauropoden entwickelten sich über Jahrmillionen aus viel kleineren Tieren. Im Verlauf dieses Wachstums gelang es ihnen, für die durch ihre Größe verursachten Probleme mehrere geniale Lösungen zu finden.

▲ Die große Vorderkralle könnte dazu gedient haben, Angreifer abzuwehren oder Löcher für die Eiablage zu graben.

◄ Der Knochenbau eines Sauropoden ist mit einer modernen Hängebrücke vergleichbar. Extrem lange Sehnen, die über den Rücken verliefen, verbanden den Hals mit dem Schwanz, sodass sie sich im Gleichgewicht halten konnten, ähnlich wie die Kabel einer Brücke eine Fahrbahn im Gleichgewicht halten.

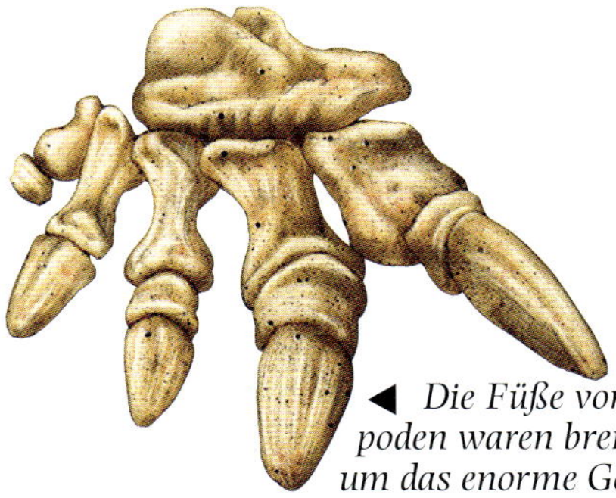

◄ Die Füße von Sauropoden waren breit und robust, um das enorme Gewicht der Tiere zu tragen. Die meisten Sauropoden hatten eine große, scharfe Klaue an den Vorderfüßen.

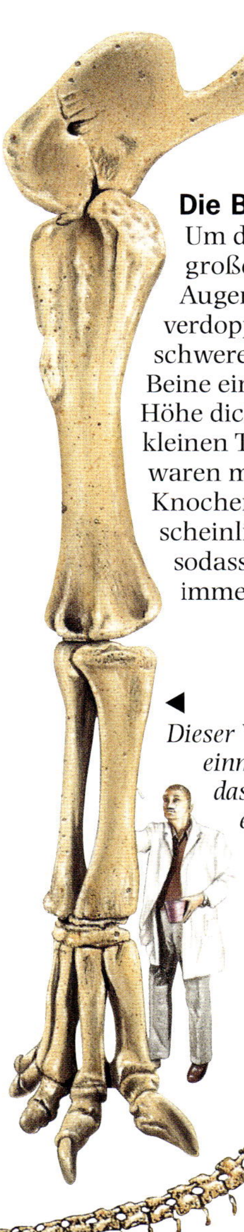

Die Biomechanik grosser Dinosaurier

Um den Körperbau von Sauropoden und anderen großen Tieren zu verstehen, muss man sich vor Augen führen, dass ein Körper, der sich in der Höhe verdoppelt, sein Gewicht vervierfacht. Um dieses schwere Gewicht aufrecht zu halten, müssen die Beine eines großen Tieres im Verhältnis zu seiner Höhe dicker und stärker sein als die Beine eines kleinen Tieres. Die Beine von Sauropoden waren massige Säulen aus starken, festen Knochen. Sauropoden hoben wahrscheinlich nur jeweils einen Fuß an, sodass das Gewicht des Körpers immer auf drei Beinen ruhte.

◄ Dieser Wissenschaftler ist nicht einmal halb so groß wie das Sauropodenbein, das er rekonstruiert.

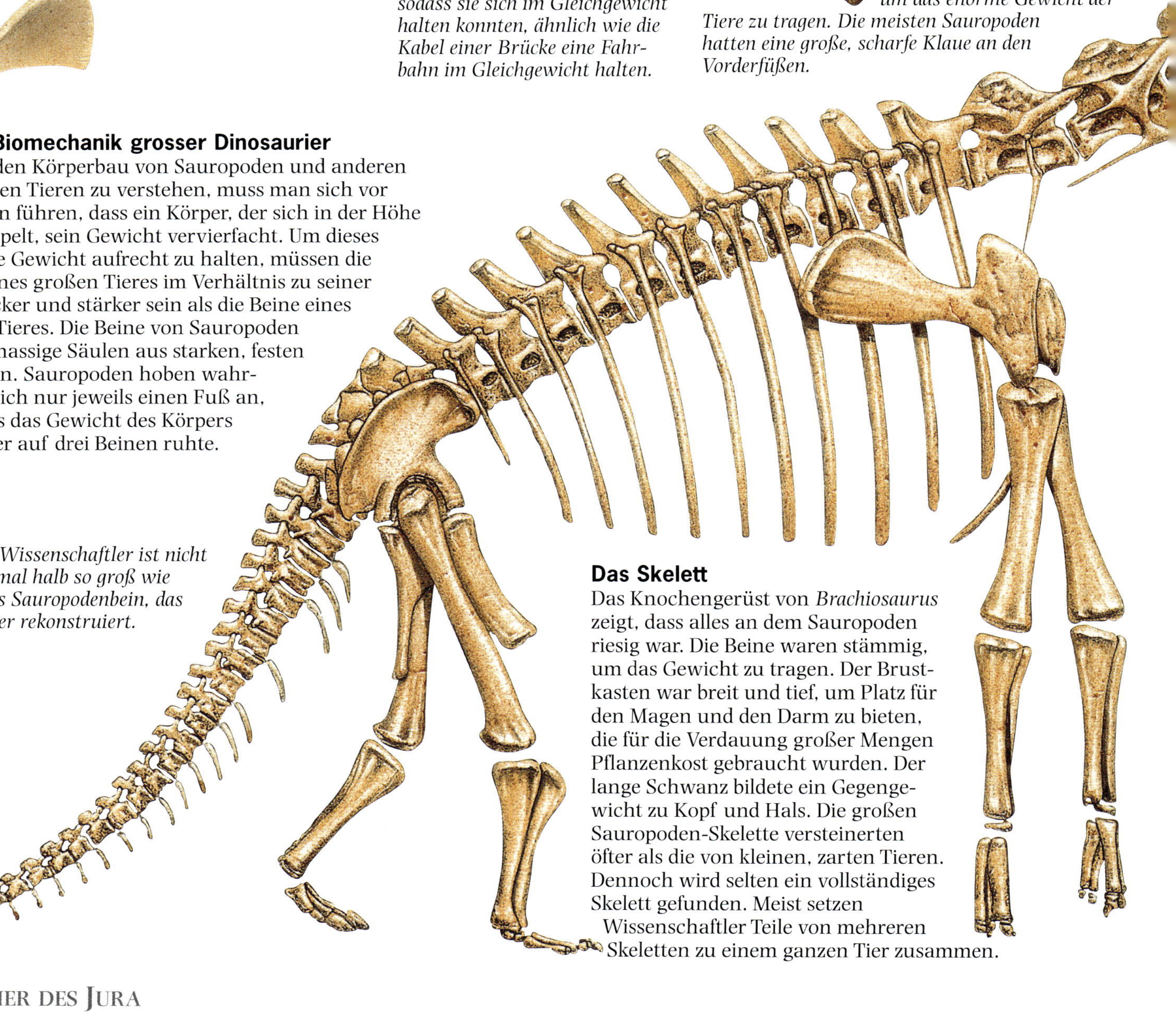

Das Skelett

Das Knochengerüst von *Brachiosaurus* zeigt, dass alles an dem Sauropoden riesig war. Die Beine waren stämmig, um das Gewicht zu tragen. Der Brustkasten war breit und tief, um Platz für den Magen und den Darm zu bieten, die für die Verdauung großer Mengen Pflanzenkost gebraucht wurden. Der lange Schwanz bildete ein Gegengewicht zu Kopf und Hals. Die großen Sauropoden-Skelette versteinerten öfter als die von kleinen, zarten Tieren. Dennoch wird selten ein vollständiges Skelett gefunden. Meist setzen Wissenschaftler Teile von mehreren Skeletten zu einem ganzen Tier zusammen.

Sauropodenschädel waren erstaunlich klein. Folglich war auch das Gehirn dieser Tiere im Vergleich zu ihrer Größe sehr klein. Manche Menschen glauben deswegen, das Dinosaurier dumm gewesen sein müssen, aber es ist wahrscheinlicher, dass die unwillkürlichen Bewegungen der Organe über Nervenbündel im Körper gesteuert wurden und nicht über das Gehirn.

Ernährung und Verdauung

Große Tiere brauchen große Nahrungsmengen, um genug Energie und Nährstoffe für den Betrieb ihres Körpers zu erhalten. Oft ist es schwer, Pflanzen so weit zu zerkleinern, dass ihnen die Nährstoffe entzogen werden können. Um das Problem zu lösen, kauen manche Tiere pflanzliche Kost so lange, bis sie ein leicht verdaulicher Brei ist. Sauropoden hatten jedoch nur sehr kleine Kiefer und konnten keine großen Mengen auf einmal fressen. Um genug Nahrung aufzunehmen, mussten sie ein Maul voll Laub abreißen und gleich hinunterschlucken, damit sie den nächsten Bissen nehmen konnten. Sie durften nicht erst lange kauen.

Verteidigung

Ausgewachsene Sauropoden waren kräftig genug, um Angreifer abzuwehren. Schon ihre Größe trieb manchen Räuber in die Flucht. Zudem verfügten die riesigen Pflanzenfresser über gefährliche Waffen. *Diplodocus* und einige andere hatten sehr lange, muskulöse Schwänze, die sie so schnell hin und her schwingen konnten, dass sie wie Peitschen knallten. Ein Feind, den ein Schwanzschlag traf, trug schwere Verletzungen davon. Einige Dinosaurier, wie *Shunosaurus*, vervollkommneten diese Strategie und bildeten ihre Schwänze zu schweren, mit Dornen besetzten Keulen aus. Damit konnten sie jeden Angreifer töten, der ihnen zu nahe kam. Am wahrscheinlichsten aber ist, dass Raubsaurier sich lieber Jungtiere als Beute aussuchten, sodass die Elterntiere ihre Waffen wohl hauptsächlich zur Verteidigung ihrer Jungen einsetzten.

◄ *Die Halswirbel eines Diplodocus weisen Merkmale auf, die allen Sauropoden gemein sind. Im Laufe der Evolution wurden die Knochen immer hohler, ohne dass es zu einem nennenswerten Verlust an Stabilität kam. Der Hals war also wesentlich leichter, als er aussah.*

▼ *Sauropoden-Jungtiere wurden oft die Beute von Raubsauriern. Vielleicht nur eines von 20 überlebte bis ins Erwachsenenalter.*

▲ *Anstatt die Nahrung zu kauen, um sie verdauen zu können, verschluckten die Sauropoden viele Gastrolithen oder Magensteine. Diese ungefähr 10 cm großen Steine wurden durch das Zusammenziehen der Magenwände hin und her bewegt und halfen so, die Pflanzennahrung zu zerkleinern, damit sie im Darm verdaut werden konnte.*

▲ *Einige Sauropoden könnten auf bestimmte Pflanzenarten spezialisiert gewesen sein. Die nagelförmigen Zähne der Diplodociden waren zum Beispiel wie die Zähne eines Kamms angeordnet. Das Tier könnte sein Maul über den Zweigen einer Fichte geschlossen und den Kopf zurückgeworfen haben. Auf diese Weise könnten die Zähne die Nadeln von den Zweigen gestreift haben.*

Das Dinosaurierzeitalter beginnt 38 • Prosauropoden 40 • Jurassische Riesen 45 • Jäger der Riesensaurier 49

DINOSAURIER DES JURA 51

Kampf der Titanen

Zwei Schrecken erregende *Allosaurus* streiten sich um die Reste eines riesigen Pflanzenfressers. Selbst aktive Jäger wie diese fraßen manchmal Aas, wenn sich eine Gelegenheit dazu bot. Fossilienfunde in Nordamerika lassen vermuten, dass *Allosaurus* vielleicht wie viele Fleischfresser im Rudel jagte, um große Beutetiere zu Fall zu bringen. Ein einzelner *Allosaurus* war schon äußerst gefährlich.

Raubsaurier des Jura

Die schrecklichsten jurassischen Dinosaurier waren die Raubsaurier, die andere Tiere fraßen. Einige waren große, kräftige Jäger, die fast alles töten konnten. Andere waren kleiner und erbeuteten Eidechsen oder Säugetiere. Nur wenige töteten überhaupt nicht und suchten stattdessen nach Kadavern von Dinosauriern, die eines natürlichen Todes gestorben oder von anderen getötet worden waren.

Mund auf!

Jurassische Raubsaurier waren bestens für die Jagd gerüstet. Die Kiefer von *Allosaurus*, hier im Bild, waren für viele Jäger typisch. In der normalen Stellung (rechts) hatten die Kiefer beim Öffnen und Schließen genug Kraft zum Töten. Spezialgelenke im Kiefer ermöglichten es *Allosaurus* dann, das Maul weit zu öffnen (unten), damit er große Stücke aus dem Fleisch seines Opfers beißen konnte. Dann allerdings war es nicht mehr möglich, die Kiefer kraftvoll zu schließen, aber war die Beute erst einmal tot, war ein kräftiger Biss auch nicht mehr nötig.

Dilophosaurus

Der früheste der großen Killer war *Dilophosaurus*, der vor rund 200 Millionen Jahren in Nordamerika lebte. Er maß 6 m und hatte einen großen Kopf mit kraftvollen Kiefern. Am bemerkenswertesten war an *Dilophosaurus* der doppelte Knochenkamm, der längs über seinen Kopf verlief. Man nimmt an, dass Knochenkämme zum Imponieren dienten und nur Männchen sie trugen.

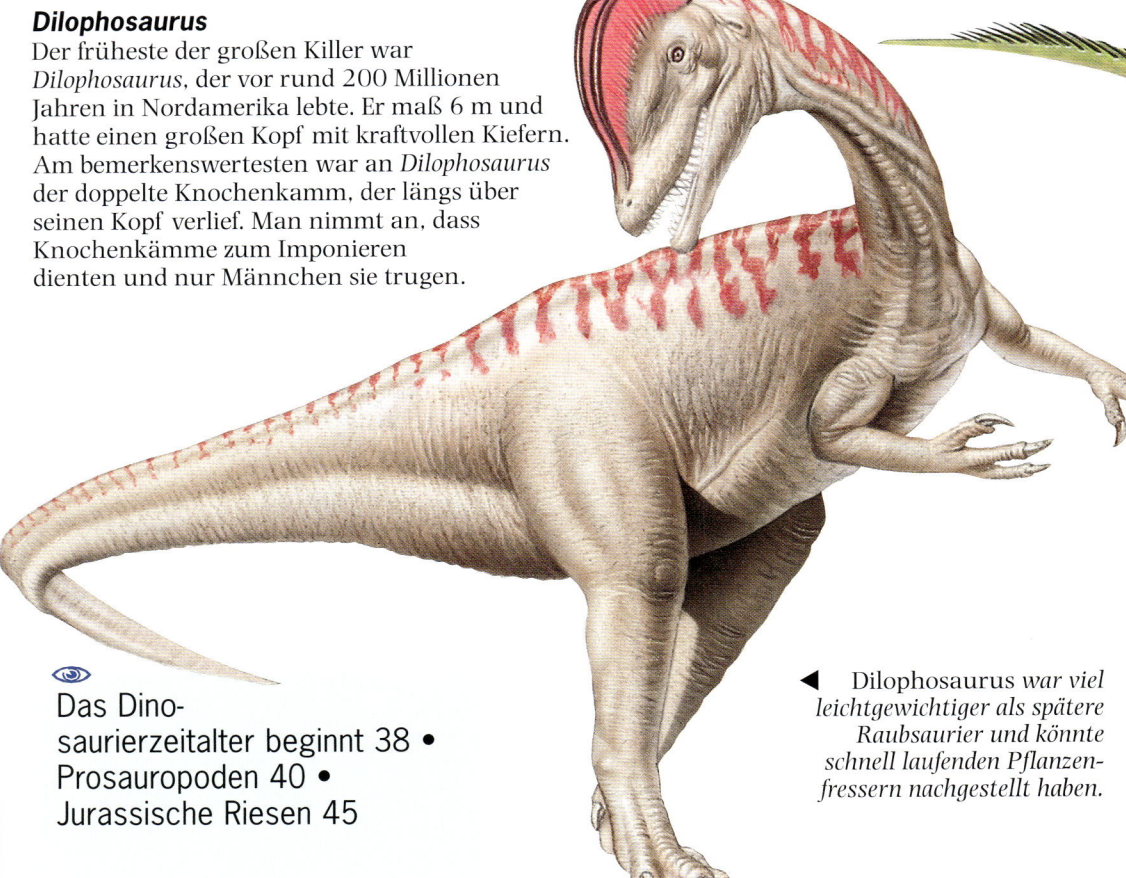

◀ *Dilophosaurus war viel leichtgewichtiger als spätere Raubsaurier und könnte schnell laufenden Pflanzenfressern nachgestellt haben.*

- Das Dinosaurierzeitalter beginnt 38
- Prosauropoden 40
- Jurassische Riesen 45

Allosaurus

Der mächtigste Fleischfresser des Jura war *Allosaurus*. Dieser Koloss erreichte 12 m Länge und könnte bis zu 3,5 Tonnen gewogen haben. Er lebte vor rund 145 Millionen Jahren in Nordamerika. *Allosaurus* war muskulös und stämmig und konnte mittelgroße Pflanzenfresser ohne weiteres zu Fall bringen. Vermutlich jagte er auch Sauropoden, obwohl er vermutlich nur junge oder kranke Tiere zu erlegen vermochte. *Allosaurus* hielt seine Opfer wahrscheinlich mit seinen langen Krallen fest, bevor er zubiss.

Zähne

Wie groß oder klein ein jurassischer Fleischfresser auch war, alle hatten immer die gleiche Art von Zähnen, die scharf und spitz und oben zurückgebogen waren. Die so geformten Zähne konnten sich in das Opfer bohren und es festhalten, so sehr es sich auch wehrte. Die Ränder der Zähne waren zum Zerschneiden des Fleisches wie ein Steakmesser gezackt. Oft brachen dabei Zähne ab, aber ständig wuchsen aus den Kiefern neue nach.

Proceratosaurus hatte ein Horn auf seiner Schnauze.

Ornitholestes
Ornitholestes lebte zwar ungefähr zur gleichen Zeit und in demselben Gebiet wie *Allosaurus*, war aber ein ganz anderer Typ von Fleischfresser. Dieser Dinosaurier erreichte nur etwa 2 m Länge, war aber schnell und wendig. *Ornitholestes* erbeutete Eidechsen, Insekten, Säugetiere und andere kleine Geschöpfe, darunter die Jungen viel größerer Dinosaurier. Er bediente sich vielleicht auch bei den Kadavern der von *Allosaurus* erlegten Dinosaurier.

▲ *Der Kopf von Ornitholestes zeigt Merkmale, die für jurassische Jäger typisch waren. Der Knochenhöcker auf seiner Nase war vielleicht grellbunt, und er hatte einen von Dornen gestützten Hautkamm auf dem Hinterkopf. Möglicherweise trugen diese Attribute zur Entscheidung bei, welcher Ornitholestes Rudelführer wurde.*

▲ *Ein versteinerter Schädel von Proceratosaurus. Wie bei vielen jurassischen Fleischfressern besteht der Schädel aus leichten, aber kräftigen Knochen mit mehreren Öffnungen, in denen die stark ausgebildeten Kiefermuskeln angesetzt hatten. Der Name Proceratosaurus bedeutet „Vor-Ceratosaurus", weil dieser Dinosaurier Ceratosaurus ähnelte, aber einige Millionen Jahre früher lebte. Er könnte der Vorfahr von Ceratosaurus gewesen sein.*

Ceratosaurus
Dieser mächtige Jäger lebte vor 145 Millionen Jahren in Nordamerika und erreichte eine Länge von ungefähr 6 m. Er war vermutlich in der Lage, sehr schnell zu laufen, wenn auch nur über kurze Strecken. Wissenschaftler nehmen an, dass dieser Fleischfresser die kleineren, wendigeren Pflanzenfresser des Jura jagte und die massigen Sauropoden dem größeren *Allosaurus* überließ.

Skelett
Jurassische Fleischfresser hatten einen ähnlichen Körperbau. Sie alle liefen auf ihren Hinterbeinen, die viel länger und muskulöser waren als die Vorderbeine. Die Hände hatten scharfe Krallen an drei oder vier Fingern und saßen an kurzen, aber kräftigen Armen. Der Kopf war relativ groß und mit kräftigen Kiefern ausgestattet.

Kräftige Kiefer
Kleine, starke Arme
Scharfe Klauen
Lange, stämmige Hinterbeine

▲ *Ein Rudel Compsognathus durchstreift die Landschaft auf der Suche nach Beute.*

Zum Töten geboren
Der kleinste jurassische Räuber, *Compsognathus*, wurde nur 70 cm lang. Der schnellfüßige Dinosaurier ernährte sich von Eidechsen, Insekten und Larven, die er im dichten Gestrüpp der jurassischen Wälder in Europa suchte. Er hatte nur zwei Finger an jeder Hand und tötete vermutlich mit seinem schmalen Gebiss, das mit nadelscharfen Zähnen bestückt war.

Der Himmel im Jura

Während Dinosaurier auf dem festen Land herrschten, bevölkerte eine verwirrende Vielfalt von Geschöpfen den jurassischen Himmel. Fliegende Reptilien, die erstmals in der Trias erschienen waren, entfalteten sich nun zu enormen Größen. Um die Mitte des Jura flogen auch Vögel am Himmel. Wissenschaftler beschäftigen sich noch mit der Frage, wie und warum sie sich entwickelten.

Das feste, aus leichten, hohlen Knochen bestehende Skelett eines Vogels entspricht den Anforderungen des Fluges. ▼

Jurassische Lüfte

Das Fliegen setzt zwar ein hoch entwickeltes Können voraus, bringt aber auch große Vorteile. Es ist leichter, vor Feinden davonzufliegen als davonzulaufen, und Beute ist aus der Höhe leichter zu entdecken als am Boden. Zum Fliegen werden Flügel, kräftige Muskeln und ein extrem leicht gebauter Körper gebraucht. Wenige Tiere erfüllten diese Voraussetzungen, aber im Jura gelang es zwei Tiergruppen, die Flugfähigkeit zu vervollkommnen. Die erste waren die Pterosaurier, die zweite die Vögel. Die Pterosaurier starben aus, aber Vögel leben noch heute.

Frühe Vögel

Die ältesten bekannten Vögel besaßen mehrere Merkmale, die sie mit Reptilien und insbesondere mit Dinosauriern verbanden. Wie viele Dinosaurier laufen Vögel auf ihren Hinterbeinen, haben biegsame Hälse und große Augen sowie noch weitere anatomische Ähnlichkeiten. Aber es gibt auch Unterschiede. Vögeln fehlt der lange, knochige Schwanz der Dinosaurier, und sie sind zahnlos. Vögel haben Federn und Flügel, die Dinosaurier nicht hatten.

Dimorphodon lebte auf Klippen am Ozean und erbeutete Fische.

Dimorphodon

Dieses fliegende Reptil lebte zu Beginn des Jura in Europa und war einer der primitivsten Pterosaurier. Er hatte lange Beine, kurze Flügel und einen langen, knochigen Schwanz, der beim Fliegen zum Steuern diente. Seine Flügelspannweite betrug rund 1,5 m, was für einen Pterosaurier recht wenig ist.

◀ *Kleine, räuberisch lebende Dinosaurier waren gedrungen, hatten aber lange Schwänze und kräftige Arme.*

Archäopteryx

Die ersten Fossilien des ältesten bekannten Vogels wurden 1861 in Bayern entdeckt. Das Fossil eines reptilienähnlichen Geschöpfes mit Flügeln und Federn ist der Beweis, dass die Vögel von Reptilien abstammen, aber es ist nicht klar, um welche Reptilienart es sich handeln könnte. Heute glauben die meisten Wissenschaftler, dass es eine Gruppe kleiner Raubsaurier war, die Federn und Flugfähigkeit entwickelten.

Fischende Pterosaurier

Vor rund 180 Millionen Jahren hatten sich Pterosaurier weltweit verbreitet. *Dorygnathus* jagte vor den Küsten Europas und Nordamerikas Fische. Er flog dicht über dem Meer, bis er ein Opfer ausmachte. Dann tauchte er seine Kiefer ins Wasser, ließ sie über einem Fisch zuschnappen und flog davon. Seine langen, scharfen Zähne, die nach vorn gebogen waren, eigneten sich hervorragend zum Festhalten der glitschigen Fische.

▲ *Der Archäopteryx (Fossil oben) wird für ein „fehlendes Verbindungsglied" zwischen Dinosauriern und Vögeln gehalten. Er hat den knochigen Schwanz und die kräftigen Arme eines Dinosauriers, aber die Federn und die leichten Knochen eines Vogels.*

▲ *Der Urahn der Pterosaurier war vermutlich ein kleines, vierbeiniges Reptil, das in Bäumen lebte.*

Pterosaurier-Nahrung

Wissenschaftler können von Kiefern und Zähnen ableiten, wovon sich Tiere ernähren. Die meisten bisher gefundenen Pterosaurier scheinen Fische gefressen zu haben, aber das könnte auch daran liegen, dass Tiere, die nahe am Wasser sterben, am wahrscheinlichsten versteinern. Pterosaurier, die im Binnenland lebten, könnten sich auch von Insekten, Würmern, Eidechsen und kleinen Säugern ernährt haben. Wie Geier heute, haben einige Pterosaurier sicherlich auch tote Tiere nicht verschmäht.

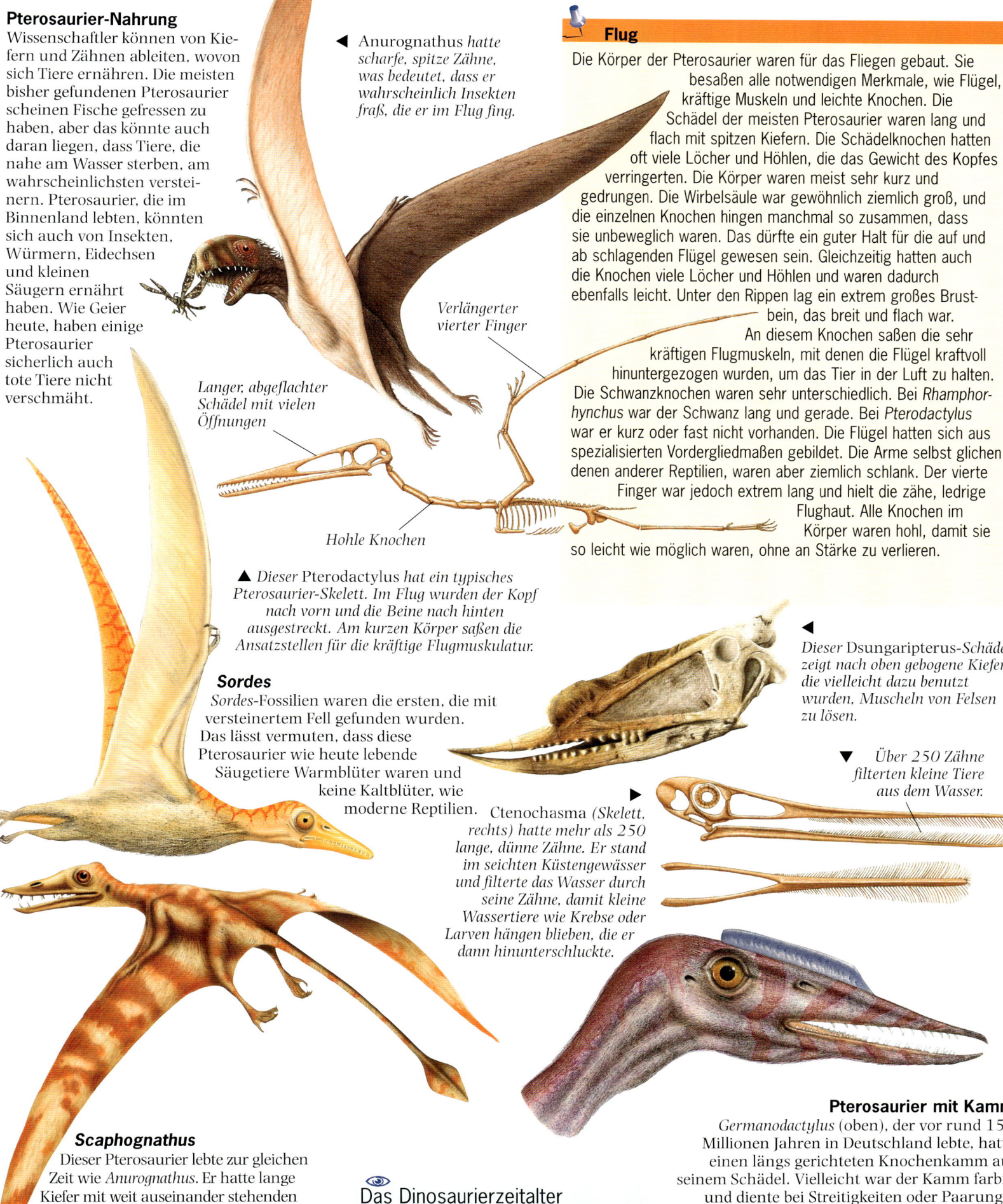

◀ *Anurognathus* hatte scharfe, spitze Zähne, was bedeutet, dass er wahrscheinlich Insekten fraß, die er im Flug fing.

Verlängerter vierter Finger

Langer, abgeflachter Schädel mit vielen Öffnungen

Hohle Knochen

▲ Dieser *Pterodactylus* hat ein typisches Pterosaurier-Skelett. Im Flug wurden der Kopf nach vorn und die Beine nach hinten ausgestreckt. Am kurzen Körper saßen die Ansatzstellen für die kräftige Flugmuskulatur.

Sordes

Sordes-Fossilien waren die ersten, die mit versteinertem Fell gefunden wurden. Das lässt vermuten, dass diese Pterosaurier wie heute lebende Säugetiere Warmblüter waren und keine Kaltblüter, wie moderne Reptilien.

▶ *Ctenochasma* (Skelett, rechts) hatte mehr als 250 lange, dünne Zähne. Er stand im seichten Küstengewässer und filterte das Wasser durch seine Zähne, damit kleine Wassertiere wie Krebse oder Larven hängen blieben, die er dann hinunterschluckte.

Scaphognathus

Dieser Pterosaurier lebte zur gleichen Zeit wie *Anurognathus*. Er hatte lange Kiefer mit weit auseinander stehenden Zähnen. Die Kieferenden berührten sich jedoch nicht, und darum ist nicht klar, welche Art von Tieren er jagte.

Flug

Die Körper der Pterosaurier waren für das Fliegen gebaut. Sie besaßen alle notwendigen Merkmale, wie Flügel, kräftige Muskeln und leichte Knochen. Die Schädel der meisten Pterosaurier waren lang und flach mit spitzen Kiefern. Die Schädelknochen hatten oft viele Löcher und Höhlen, die das Gewicht des Kopfes verringerten. Die Körper waren meist sehr kurz und gedrungen. Die Wirbelsäule war gewöhnlich ziemlich groß, und die einzelnen Knochen hingen manchmal so zusammen, dass sie unbeweglich waren. Das dürfte ein guter Halt für die auf und ab schlagenden Flügel gewesen sein. Gleichzeitig hatten auch die Knochen viele Löcher und Höhlen und waren dadurch ebenfalls leicht. Unter den Rippen lag ein extrem großes Brustbein, das breit und flach war.

An diesem Knochen saßen die sehr kräftigen Flugmuskeln, mit denen die Flügel kraftvoll hinuntergezogen wurden, um das Tier in der Luft zu halten. Die Schwanzknochen waren sehr unterschiedlich. Bei *Rhamphorhynchus* war der Schwanz lang und gerade. Bei *Pterodactylus* war er kurz oder fast nicht vorhanden. Die Flügel hatten sich aus spezialisierten Vordergliedmaßen gebildet. Die Arme selbst glichen denen anderer Reptilien, waren aber ziemlich schlank. Der vierte Finger war jedoch extrem lang und hielt die zähe, ledrige Flughaut. Alle Knochen im Körper waren hohl, damit sie so leicht wie möglich waren, ohne an Stärke zu verlieren.

◀ *Dieser Dsungaripterus-Schädel zeigt nach oben gebogene Kiefer, die vielleicht dazu benutzt wurden, Muscheln von Felsen zu lösen.*

▼ *Über 250 Zähne filterten kleine Tiere aus dem Wasser.*

Pterosaurier mit Kamm

Germanodactylus (oben), der vor rund 150 Millionen Jahren in Deutschland lebte, hatte einen längs gerichteten Knochenkamm auf seinem Schädel. Vielleicht war der Kamm farbig und diente bei Streitigkeiten oder Paarungsritualen als Signal an andere *Germanodactylus*. Bei späteren Pterosauriern wuchsen die Knochenkämme zu beträchtlicher Größe heran.

Das Dinosaurierzeitalter beginnt 38 • Leben in den Jura-Meeren 60

Leben in den Jura-Meeren

Die warmen jurassischen Meere wurden von gigantischen Reptilien beherrscht, deren Beute Fische, Muscheln und ihre eigenen Artgenossen waren. Das nahrungsreiche Wasser wimmelte von ungeheuren Fischschwärmen und einer Vielzahl anderer Tiere. Sie alle boten reichlich Futter für die Reptilien, die sich zu Meeresbewohnern entwickelt hatten, darunter einige der gewaltigsten Wassertiere, die es je gab.

Meereskrokodile
Im Jura entwickelten mehrere Arten von Krokodilen Flossen oder Finnen anstelle von Beinen, während die Schwänze breit und flach wurden, um damit schneller vorwärts zu kommen. Meereskrokodile waren im mittleren Jura eine Zeit lang sehr erfolgreich, starben dann aber plötzlich aus.

Die Kiefer von Cryptoclidus *waren mit langen, dünnen, sehr scharfen Zähnen besetzt, die bei geschlossenem Maul ineinander griffen und für schlüpfrige Fische eine tödliche Falle waren.* ▼

Monster im Meer
Die mächtigen Meeresreptilien des Jura entwickelten sich alle aus triassischen Landreptilien. Weil Fossilien der frühesten Meeresreptilien sehr selten sind, ist nicht ganz geklärt, wie sich diese Tiere entwickelten oder wie sie untereinander verwandt waren. Die Ichthyosaurier scheinen sich als Erste in der frühen Trias entwickelt zu haben und könnten von Tieren abstammen, die frühen Echsen ähnelten. Die ersten Ichthyosaurier tauchten vor rund 220 Millionen Jahren auf. Diese Tiere hatten eine Fischform, aber noch keinen Fischschwanz ausgebildet, der für jurassische Ichthyosaurier typisch war. Die Plesiosaurier entwickelten sich vor etwa 210 Millionen Jahren aus älteren Reptilien, den Nothosauriern. Die Nothosaurier hatten vier Beine mit Schwimmhäuten. Die ersten Plesiosaurier hatten lange Hälse und kleine Köpfe. Sie jagten wahrscheinlich Fische oder Tintenfische und schnellten den Kopf vor, wenn sie zuschnappten. Im mittleren Jura bekam eine Gruppe von Plesiosauriern große Köpfe und kurze Hälse – sie werden als Pliosaurier bezeichnet. Diese Tiere erlegten größere Beute, darunter auch ihre Artgenossen.

Krebstiere
In den Meeren des Jura tauchten zum ersten Mal Krebse, Hummer, Garnelen und Krabben auf, die heute weit verbreitet sind. Diese Krebstiere haben ein Außenskelett, das Muskeln und Organe schützend umgibt. Im Verlauf des Jura wurden Krebstiere zahlreicher und verdrängten frühere Gruppen ähnlicher Tiere, die ausstarben.

Cryptoclidus
Einer der erfolgreichsten Plesiosaurier war *Cryptoclidus*. Er lebte in den flachen Meeren, die vor rund 130 Millionen Jahren fast ganz Europa bedeckten. Zu jener Zeit waren Plesiosaurier die häufigsten Meeresreptilien. Ungewöhnlich an *Cryptoclidus* war, dass seine Augen nach oben gerichtet waren. Vielleicht schwamm er über den Grund der seichten Meere, bis er sich unter einem Fischschwarm befand. Dann reckte er sich hoch, schnappte nach Fischen und fraß sich satt.

◉ Das Dinosaurierzeitalter beginnt 38 • Der Himmel im Jura 56

Leben in den Meeren

Im Verlauf des Jura waren die Meere viel größer und viel reicher mit Leben angefüllt als heute. Das Klima war wärmer, und an den Polen gab es keine Eiskappen, die große Wassermassen als Eis gebunden hätten. Als Folge davon waren weite Gebiete von flachen Meeren bedeckt. Diese Meere wurden vom Sonnenlicht durchflutet und blieben warm, weil kein kaltes Wasser aus großen Tiefen sie erreichen konnte. Die Lebensbedingungen waren für eine große Vielfalt an marinem Leben ideal.

▲ *Ein Schlammfisch. Diese Knochenfisch-Familie tauchte im frühen Jura auf und überlebte bis heute.*

Mesozoische Revolution im Meer

Im Jura waren die meisten Fische mit neuzeitlichen Haien verwandt und hatten Knorpelskelette, aber einige besaßen auch schon Knochenskelette. Zu Beginn des Jura entwickelte sich ein neuer Fischtyp. Diese Fische hatten ein Knochenskelett, das mit einer neuen Flossenart kombiniert war. Diese Flossen wurden von langen, parallelen Knochenstrahlen gestützt. Danach heißen die Fische Strahlenflosser oder Teleostei. Im Verlauf des Jura nahm die Zahl der Teleostei zu, bis sie die artenreichsten und wichtigsten Fische in den Meeren waren, was sie bis heute geblieben sind.

Liopleurodon

Das fürchterlichste aller jurassischen Meeresreptilien war *Liopleurodon*. Er kreuzte in den seichten Meeren, die das heutige Gebiet von England, Frankreich und Mitteleuropa bedeckten. Das mächtige Tier wuchs zu 12 m Länge heran, und sein 2,5 m langer Schädel hatte einen mit starken, scharfen Zähnen besetzten Kiefer. Seine muskulösen Flossen waren zum Langstreckenschwimmen ideal, sodass er seine Beute schnell und weit verfolgen konnte.

Ichthyosaurier

Die Ichthyosaurier waren auf das Leben im Meer spezialisiert. Sie konnten das Wasser überhaupt nicht mehr verlassen, auch nicht zur Eiablage. Sie brachten lebende Junge zur Welt, wahrscheinlich in seichten, geschützten Lagunen, wo die Jungen vor den großen Meeresräubern sicher waren. Der Name „Ichthyosaurier" bedeutet „Fischsaurier" und beschreibt damit das äußerlich fischgleiche Aussehen dieser Tiere.

Ammoniten

Zu den in den Meeren des Jura am zahlreichsten vertretenen Tieren gehörten die Ammoniten, die zu Tausenden Schwärme bildeten. Sie waren entfernte Verwandte heutiger Tintenfische, lebten aber in einer harten, spiralig aufgerollten Schale. Im Laufe seines Wachstums baute das Tier Kammern. Reichte der Platz nicht mehr aus, rückte es etwas nach vorn und baute eine neue Kammer. Die alten Kammern füllten sich mit Luft, sodass das Tier im Wasser schwebte. Beim Schwimmen fingen die Ammoniten mit ihren Fangarmen kleine Fische und anderes Getier.

▲ *Wir wissen eine Menge über Ichthyosaurier, weil in Deutschland mehrere Skelette gefunden wurden. Nicht nur die Knochen, sondern auch die Muskeln und die Haut sind fossil erhalten geblieben.*

Meerespflanzen

Die Pflanzen der jurassischen Meere sahen denen in den heutigen Ozeanen sehr ähnlich. In seichten Gewässern gediehen große Tang- und Algenwälder im Sonnenlicht, das bis zum Meeresgrund reichte. In tieferem Wasser trieben frei schwebende Kieselalgen mit den Strömungen.

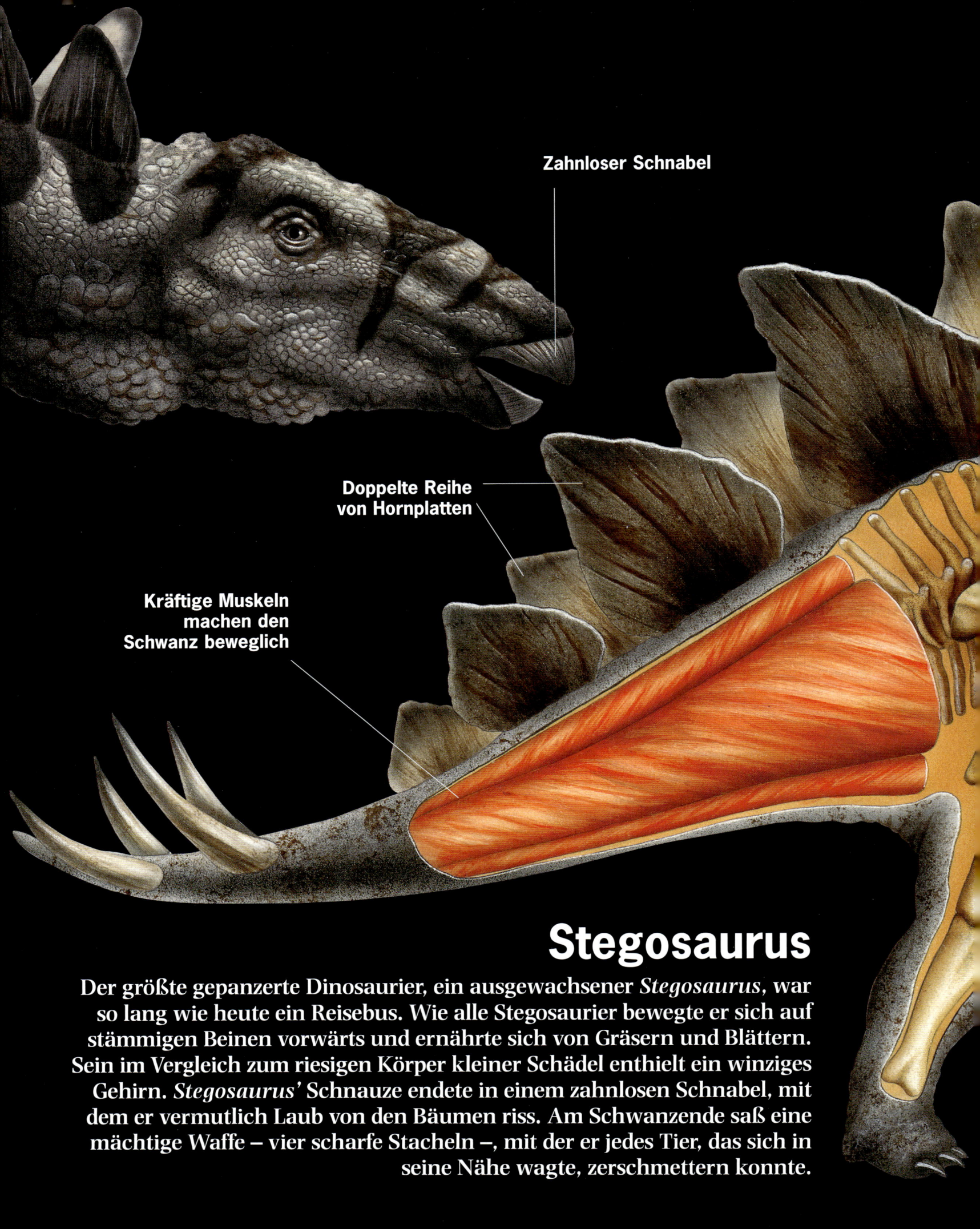

Zahnloser Schnabel

Doppelte Reihe von Hornplatten

Kräftige Muskeln machen den Schwanz beweglich

Stegosaurus

Der größte gepanzerte Dinosaurier, ein ausgewachsener *Stegosaurus*, war so lang wie heute ein Reisebus. Wie alle Stegosaurier bewegte er sich auf stämmigen Beinen vorwärts und ernährte sich von Gräsern und Blättern. Sein im Vergleich zum riesigen Körper kleiner Schädel enthielt ein winziges Gehirn. *Stegosaurus'* Schnauze endete in einem zahnlosen Schnabel, mit dem er vermutlich Laub von den Bäumen riss. Am Schwanzende saß eine mächtige Waffe – vier scharfe Stacheln –, mit der er jedes Tier, das sich in seine Nähe wagte, zerschmettern konnte.

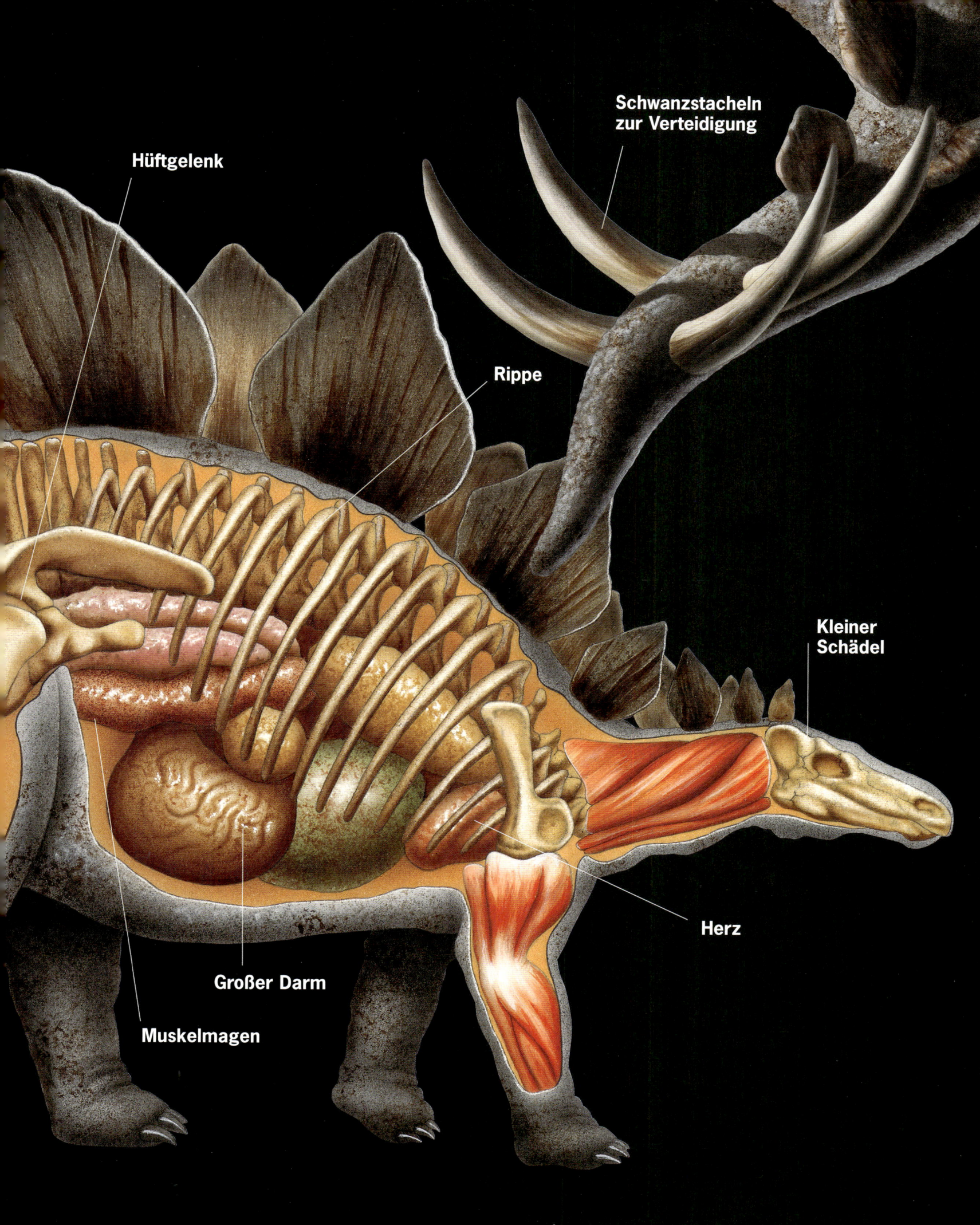

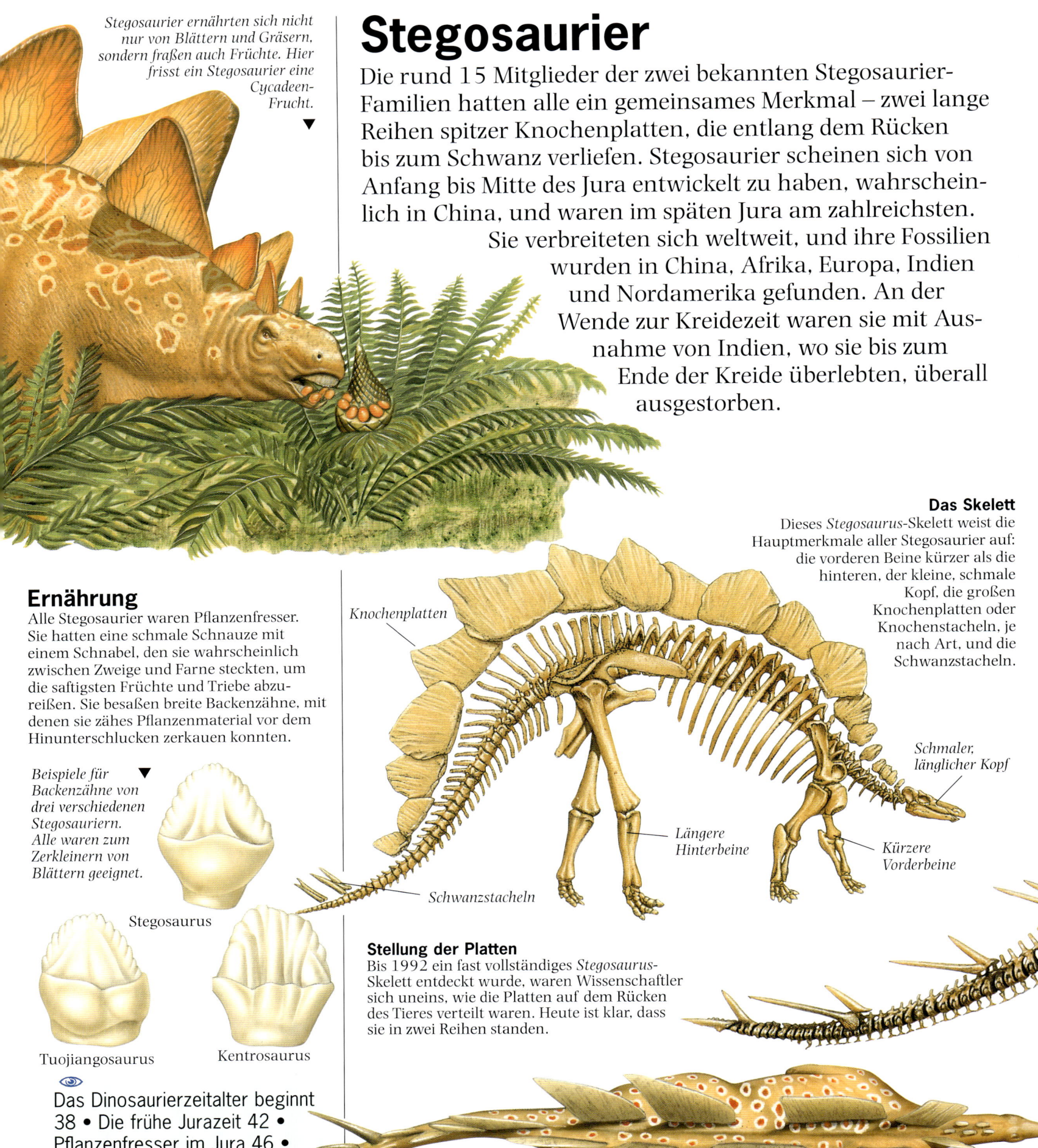

Stegosaurier ernährten sich nicht nur von Blättern und Gräsern, sondern fraßen auch Früchte. Hier frisst ein Stegosaurier eine Cycadeen-Frucht.

Stegosaurier

Die rund 15 Mitglieder der zwei bekannten Stegosaurier-Familien hatten alle ein gemeinsames Merkmal – zwei lange Reihen spitzer Knochenplatten, die entlang dem Rücken bis zum Schwanz verliefen. Stegosaurier scheinen sich von Anfang bis Mitte des Jura entwickelt zu haben, wahrscheinlich in China, und waren im späten Jura am zahlreichsten. Sie verbreiteten sich weltweit, und ihre Fossilien wurden in China, Afrika, Europa, Indien und Nordamerika gefunden. An der Wende zur Kreidezeit waren sie mit Ausnahme von Indien, wo sie bis zum Ende der Kreide überlebten, überall ausgestorben.

Ernährung

Alle Stegosaurier waren Pflanzenfresser. Sie hatten eine schmale Schnauze mit einem Schnabel, den sie wahrscheinlich zwischen Zweige und Farne steckten, um die saftigsten Früchte und Triebe abzureißen. Sie besaßen breite Backenzähne, mit denen sie zähes Pflanzenmaterial vor dem Hinunterschlucken zerkauen konnten.

Beispiele für Backenzähne von drei verschiedenen Stegosauriern. Alle waren zum Zerkleinern von Blättern geeignet.

Stegosaurus

Tuojiangosaurus   Kentrosaurus

Das Skelett
Dieses *Stegosaurus*-Skelett weist die Hauptmerkmale aller Stegosaurier auf: die vorderen Beine kürzer als die hinteren, der kleine, schmale Kopf, die großen Knochenplatten oder Knochenstacheln, je nach Art, und die Schwanzstacheln.

Knochenplatten

Schmaler, länglicher Kopf

Längere Hinterbeine

Kürzere Vorderbeine

Schwanzstacheln

Stellung der Platten
Bis 1992 ein fast vollständiges *Stegosaurus*-Skelett entdeckt wurde, waren Wissenschaftler sich uneins, wie die Platten auf dem Rücken des Tieres verteilt waren. Heute ist klar, dass sie in zwei Reihen standen.

Das Dinosaurierzeitalter beginnt 38 • Die frühe Jurazeit 42 • Pflanzenfresser im Jura 46 • Jäger der Riesensaurier 49

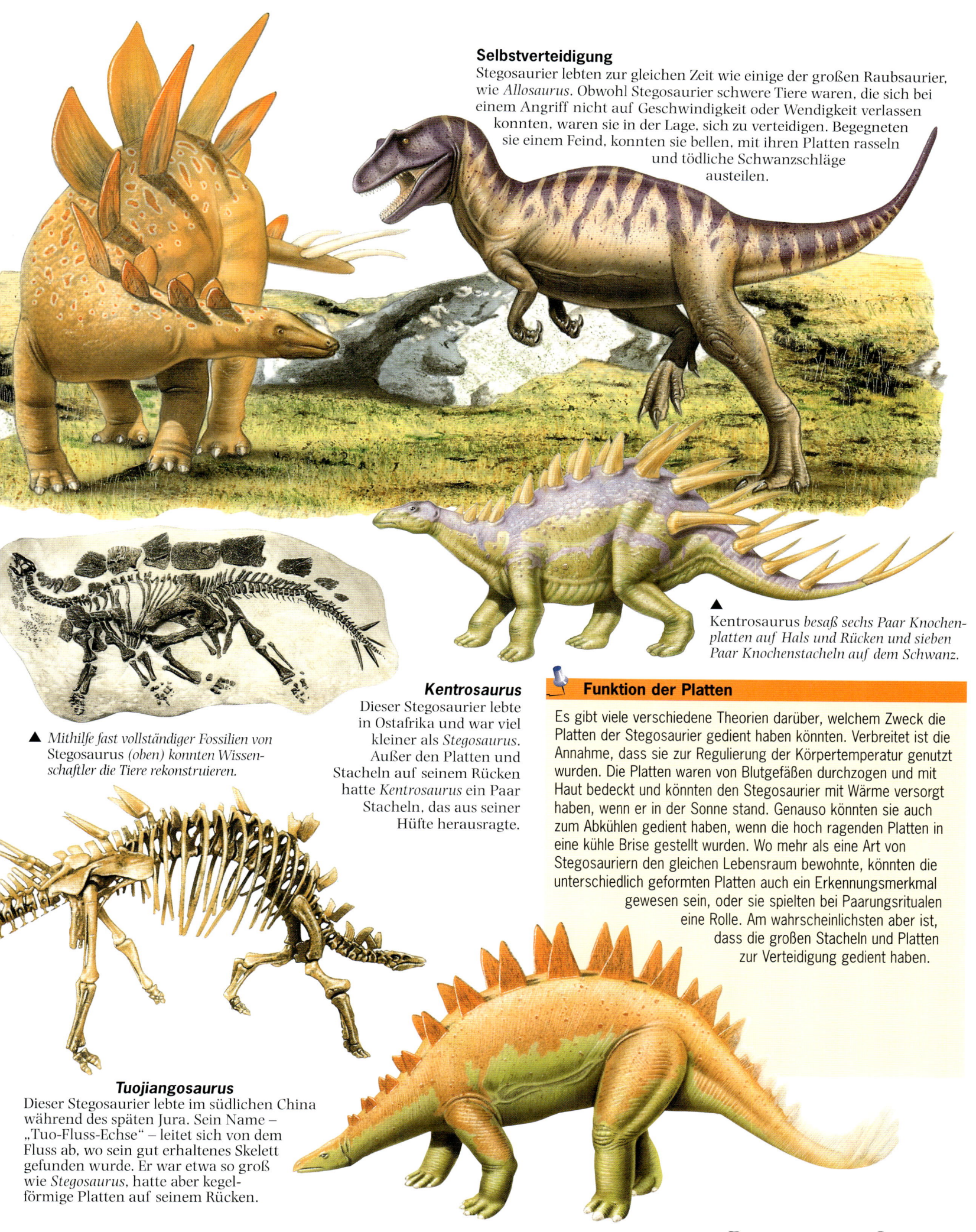

Selbstverteidigung

Stegosaurier lebten zur gleichen Zeit wie einige der großen Raubsaurier, wie *Allosaurus*. Obwohl Stegosaurier schwere Tiere waren, die sich bei einem Angriff nicht auf Geschwindigkeit oder Wendigkeit verlassen konnten, waren sie in der Lage, sich zu verteidigen. Begegneten sie einem Feind, konnten sie bellen, mit ihren Platten rasseln und tödliche Schwanzschläge austeilen.

▲ *Kentrosaurus besaß sechs Paar Knochenplatten auf Hals und Rücken und sieben Paar Knochenstacheln auf dem Schwanz.*

▲ *Mithilfe fast vollständiger Fossilien von Stegosaurus (oben) konnten Wissenschaftler die Tiere rekonstruieren.*

Kentrosaurus

Dieser Stegosaurier lebte in Ostafrika und war viel kleiner als *Stegosaurus*. Außer den Platten und Stacheln auf seinem Rücken hatte *Kentrosaurus* ein Paar Stacheln, das aus seiner Hüfte herausragte.

Funktion der Platten

Es gibt viele verschiedene Theorien darüber, welchem Zweck die Platten der Stegosaurier gedient haben könnten. Verbreitet ist die Annahme, dass sie zur Regulierung der Körpertemperatur genutzt wurden. Die Platten waren von Blutgefäßen durchzogen und mit Haut bedeckt und könnten den Stegosaurier mit Wärme versorgt haben, wenn er in der Sonne stand. Genauso könnten sie auch zum Abkühlen gedient haben, wenn die hoch ragenden Platten in eine kühle Brise gestellt wurden. Wo mehr als eine Art von Stegosauriern den gleichen Lebensraum bewohnte, könnten die unterschiedlich geformten Platten auch ein Erkennungsmerkmal gewesen sein, oder sie spielten bei Paarungsritualen eine Rolle. Am wahrscheinlichsten aber ist, dass die großen Stacheln und Platten zur Verteidigung gedient haben.

Tuojiangosaurus

Dieser Stegosaurier lebte im südlichen China während des späten Jura. Sein Name – „Tuo-Fluss-Echse" – leitet sich von dem Fluss ab, wo sein gut erhaltenes Skelett gefunden wurde. Er war etwa so groß wie *Stegosaurus*, hatte aber kegelförmige Platten auf seinem Rücken.

DINOSAURIER DES JURA

Die Kreidezeit

Die Kreide war die dritte und längste Epoche des Mesozoikums oder des „Zeitalters der Dinosaurier". Sie begann vor rund 144 Millionen Jahren und dauerte fast 80 Millionen Jahre. Die Kreidezeit wird allgemein in die frühe Kreide (vor 144 bis 85 Mio. Jahren) und die späte Kreide (vor 85 bis 66 Mio. Jahren) eingeteilt. In der Kreide gab es die größte Vielfalt an Dinosauriern. Sie war eine Zeit der Veränderung für das Leben und für die Kontinente, die auseinander glitten und kollidierten. Am Ende der Kreide fand ein plötzliches Massensterben vieler Arten statt. Alle Dinosaurier starben aus, ebenso wie viele andere Tiere. Die Erde wurde ein fast unbewohnter Planet.

Die Kontinente

Früh in der Kreide waren die Landmassen der Erde in zwei Superkontinenten vereint. Im Norden bildeten Europa, Asien und Nordamerika Laurasia, im Süden Afrika, Südamerika, Antarktika und Indien Gondwana. Die beiden könnten im Westen durch eine Landbrücke zwischen Nord- und Südamerika verbunden gewesen sein. Im Verlauf der Kreide brachen Laurasia und Gondwana in die heute bestehenden Kontinente auseinander. Am Ende dieses Zeitabschnitts waren nur noch Australien und Antarktika miteinander verbunden, aber Indien war schon von Asien getrennt.

Frühe Kreide

Späte Kreide

▲ *Zur gleichen Zeit, als die Kontinente auseinander drifteten, stieg der Meeresspiegel und überflutete tief liegende Gebiete. Diese flachen Meere schufen fast überall ein feuchtes und warmes Klima. Selbst an den Polen war es nur selten kalt. Durch die Meere waren die Kontinente in kleine Landmassen geteilt. Daher entwickelten sich die Dinosaurier in den verschiedenen Weltgegenden unterschiedlich. Das sollte in der späten Kreide bedeutsame Folgen haben.*

Gefahr in der Trias 22 • Fliegende Reptilien 27 • Leben in den Meeren 60 • Panzerdinosaurier 88 • Schädel 96

◀ *Die Magnolie ist eine der ältesten Blütenpflanzen, die noch heute existieren.*

▲ *Mächtige Kalkablagerungen sind typische Gesteine, die in der Kreidezeit entstanden. Sie bestehen aus den Schalen von Milliarden winziger Muscheltiere. Sie liefern den Kalk in der Schreibkreide, die dem Zeitabschnitt seinen Namen gab.*

Blütenpflanzen

Zu Beginn der Kreidezeit war das Pflanzenleben das gleiche, wie schon seit den letzten 100 Millionen Jahren. Es gab große Nadelbäume, Farne und eine Vielfalt palmenähnlicher Pflanzen, die heute ausgestorben sind. Bis zum Ende der Kreide hatte sich die Pflanzenwelt aber grundlegend verändert. Die ersten Blütenpflanzen gediehen vor rund 140 Millionen Jahren in äquatornahen tropischen Wäldern, die Sibirien und südliche Teile von Nordamerika bedeckten. Wahrscheinlich waren es Sträucher, wie moderne Magnolien. Sie verbreiteten sich langsam bis vor 115 bis 100 Millionen Jahren und entwickelten sich dabei zu vielfältigen Knollengewächsen, Gräsern und anderen Formen. Dinosaurier und andere Tiere entwickelten Formen, die diese neue Nahrung nutzen konnten.

Wespen tauchten erstmals in der frühen Kreide auf und haben sich seither kaum verändert. ▶

Evolution anderer Tiere

Viele neue Tiere erschienen in der Kreidezeit. Die Dinosaurier entwickelten eine Vielfalt von Formen, aber sie waren nicht allein. Zu neuen Insektengruppen gehörten Bienen, Tag- und Nachtfalter, Wespen und Ameisen. Erste Schlangen tauchten auf. Die rasche Entwicklung neuer Tierarten wurde durch die sich verändernde Erde vorangetrieben. Als das Klima heißer und feuchter wurde, mussten sich die Tiere anpassen, wollten sie überleben. Pflanzenfresser nutzten das Aufkommen der Blütenpflanzen, die ihnen neue Nahrung boten. Als die Landmassen in viele kleine Kontinente und große Inseln zerbrachen, konnten die Tiere nicht mehr von Region zu Region wandern und entwickelten sich, voneinander abgeschnitten, unterschiedlich. Sie konnten sich nur weiter ausbreiten, wenn die Flachmeere sich einmal zurückziehen würden.

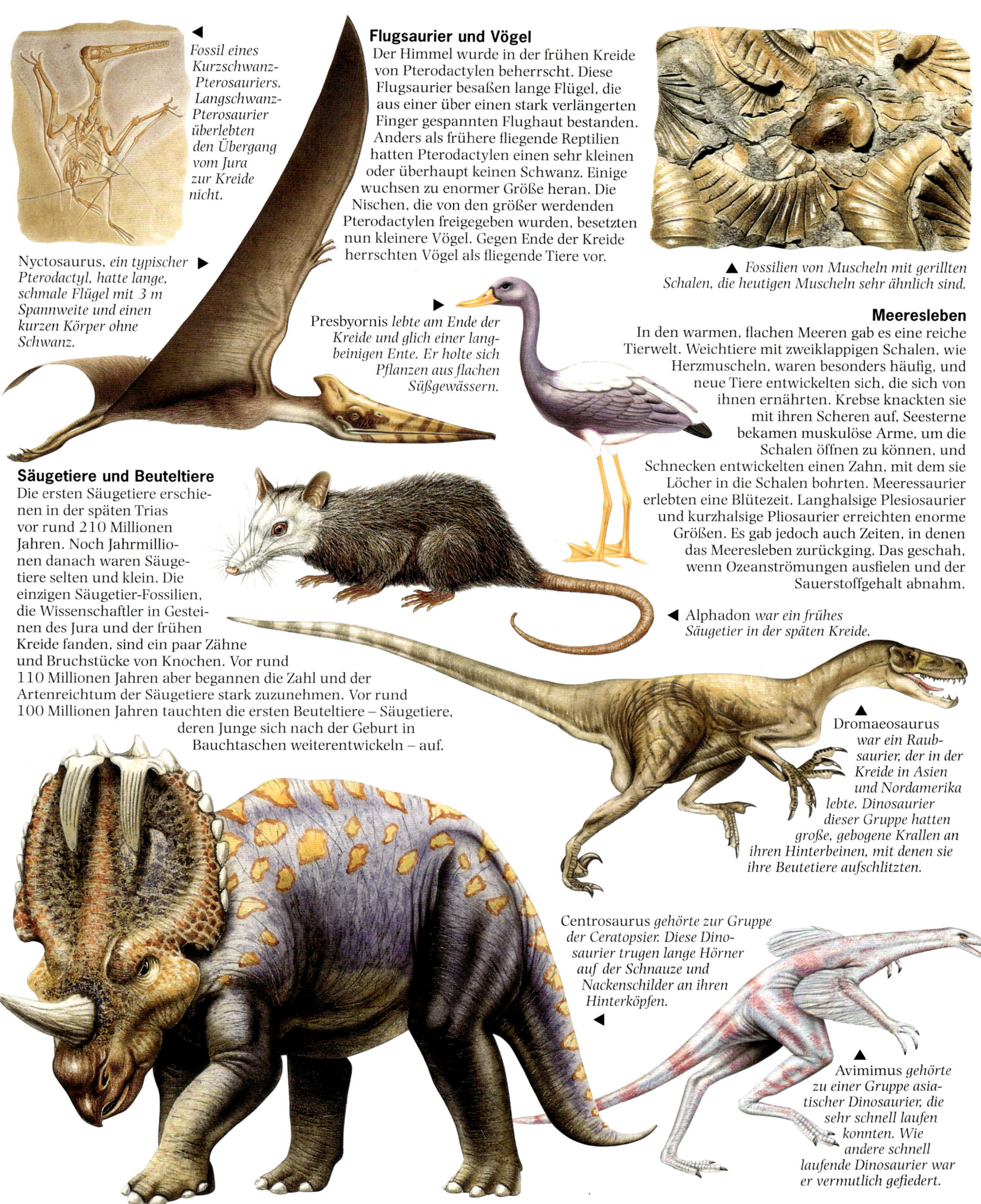

◀ Fossil eines Kurzschwanz-Pterosauriers. Langschwanz-Pterosaurier überlebten den Übergang vom Jura zur Kreide nicht.

Flugsaurier und Vögel

Der Himmel wurde in der frühen Kreide von Pterodactylen beherrscht. Diese Flugsaurier besaßen lange Flügel, die aus einer über einen stark verlängerten Finger gespannten Flughaut bestanden. Anders als frühere fliegende Reptilien hatten Pterodactylen einen sehr kleinen oder überhaupt keinen Schwanz. Einige wuchsen zu enormer Größe heran. Die Nischen, die von den größer werdenden Pterodactylen freigegeben wurden, besetzten nun kleinere Vögel. Gegen Ende der Kreide herrschten Vögel als fliegende Tiere vor.

▲ Fossilien von Muscheln mit gerillten Schalen, die heutigen Muscheln sehr ähnlich sind.

Nyctosaurus, *ein typischer Pterodactyl, hatte lange, schmale Flügel mit 3 m Spannweite und einen kurzen Körper ohne Schwanz.* ▶

▶ Presbyornis *lebte am Ende der Kreide und glich einer langbeinigen Ente. Er holte sich Pflanzen aus flachen Süßgewässern.*

Meeresleben

In den warmen, flachen Meeren gab es eine reiche Tierwelt. Weichtiere mit zweiklappigen Schalen, wie Herzmuscheln, waren besonders häufig, und neue Tiere entwickelten sich, die sich von ihnen ernährten. Krebse knackten sie mit ihren Scheren auf, Seesterne bekamen muskulöse Arme, um die Schalen öffnen zu können, und Schnecken entwickelten einen Zahn, mit dem sie Löcher in die Schalen bohrten. Meeressaurier erlebten eine Blütezeit. Langhalsige Plesiosaurier und kurzhalsige Pliosaurier erreichten enorme Größen. Es gab jedoch auch Zeiten, in denen das Meeresleben zurückging. Das geschah, wenn Ozeanströmungen ausfielen und der Sauerstoffgehalt abnahm.

Säugetiere und Beuteltiere

Die ersten Säugetiere erschienen in der späten Trias vor rund 210 Millionen Jahren. Noch Jahrmillionen danach waren Säugetiere selten und klein. Die einzigen Säugetier-Fossilien, die Wissenschaftler in Gesteinen des Jura und der frühen Kreide fanden, sind ein paar Zähne und Bruchstücke von Knochen. Vor rund 110 Millionen Jahren aber begannen die Zahl und der Artenreichtum der Säugetiere stark zuzunehmen. Vor rund 100 Millionen Jahren tauchten die ersten Beuteltiere – Säugetiere, deren Junge sich nach der Geburt in Bauchtaschen weiterentwickeln – auf.

◀ Alphadon *war ein frühes Säugetier in der späten Kreide.*

▲ Dromaeosaurus *war ein Raubsaurier, der in der Kreide in Asien und Nordamerika lebte. Dinosaurier dieser Gruppe hatten große, gebogene Krallen an ihren Hinterbeinen, mit denen sie ihre Beutetiere aufschlitzten.*

Centrosaurus *gehörte zur Gruppe der Ceratopsier. Diese Dinosaurier trugen lange Hörner auf der Schnauze und Nackenschilder an ihren Hinterköpfen.* ◀

▲ Avimimus *gehörte zu einer Gruppe asiatischer Dinosaurier, die sehr schnell laufen konnten. Wie andere schnell laufende Dinosaurier war er vermutlich gefiedert.*

DINOSAURIER DER KREIDE

Neue Meeresräuber

In der Kreide kamen neue Raubsaurier auf – die Mosasaurier. Diese breitflossigen Echsen (wie *Plotosaurus* und *Mosasaurus* im Bild) lebten nur im Wasser und wurden mindestens 10 m lang. Die großen Schwanzflossen erzeugten den Hauptantrieb bei der Jagd nach Fischen, die ihre bevorzugte Nahrung waren. Dank ihrer guten Augen und ihrer hoch entwickelten Zähne fingen sie auch sonst alles, was um sie herumschwamm, selbst ihre Artgenossen.

Diese Rekonstruktion des Mosasaurus von Maastricht zeigt den langgestreckten Körper und den langen, schlanken Schwanz, die für Mosasaurier typisch waren. Das Tier wurde vielleicht rund 9 m lang. Sein versteinerter Schädel ist unten links zu sehen.

Tiefseemonster in der Kreidezeit

1786 legten Steinbrucharbeiter in einer Höhle bei Maastricht (Holland) ein riesiges versteinertes Kieferpaar mit enormen Zähnen frei. Die Fossilien wurden von dem dortigen Sammler Dr. Hoffmann gekauft. Manche Wissenschaftler ordneten die Kiefer einem Wal zu; andere meinten, sie würden von einem Krokodil stammen. Um 1800 aber stellte sich heraus, dass sie zu einer gigantischen Echse gehörten. Das Fossil wurde nach der Fundgegend „Mosasaurier" („Maas-Echse") getauft. Spätere Fossilien belegten, dass die Kiefer zu einer Meeresechse gehörten, einem erfolgreichen Räuber aus den Kreide-Meeren. Seither fand man weltweit noch viele ähnliche Mosasaurier-Fossilien.

Die Kiefer waren über 1 m lang, aber inzwischen sind noch längere Kiefer gefunden worden.

Die Kiefer des bei Maastricht gefundenen Mosasauriers waren beim Fossilierungsprozess zerbrochen.

▸ *Elasmosaurus war eines der sonderbarsten Meeresreptilien aller Zeiten. Sein Hals war ganze 8 m lang, viel länger als der übrige Körper samt Schwanz. Schwamm ein Fisch vorbei, schnellte er seinen Hals vor und schnappte zu.*

Archelon

Diese gewaltige Meeresschildkröte lebte in den Flachmeeren, die in der späten Kreide einen großen Teil Nordamerikas bedeckten. Sie erreichte eine Länge von fast 4 m und war eine der größten Schildkröten, die es je gab. Der Panzer bestand aus einer über Knochenplatten gespannten Lederhaut. Die vorderen Flossen waren viel größer als die hinteren und erzeugten vermutlich die meiste Schubkraft beim Schwimmen. Die hinteren Flossen dienten wohl mehr zum Steuern. Der Kiefer von *Archelon* war sehr schwach, sodass sie sich vielleicht von Quallen ernährt hat, die es in großen Schwärmen gab. *Archelon* war so riesig, dass sich kaum ein Angreifer an sie heranwagte.

Plesiosaurier

Diese Meeresreptilien schwammen mit vier großen paddelförmigen Flossen. Sie entwickelten sich schon im Jura, aber erst als die fischähnlichen Ichthyosaurier in der Kreide ausstarben, traten die Plesiosaurier an ihre Stelle. Zwei Plesiosaurier-Gruppen können unterschieden werden: Langhalsige Formen mit kleinem Kopf und kurzhalsige mit großem Kopf. Die ersteren fraßen vermutlich Fische. Die anderen erbeuteten wahrscheinlich Meeresreptilien sowie Haie und größere Fische.

▴ *Kronosaurus war das größte und kräftigste aller Meeresreptilien. Er erreichte eine Länge von fast 13 m, und sein Kiefer war stärker als der von Tyrannosaurus. Wahrscheinlich jagte er andere Meeresreptilien.*

Die Kreidezeit 68 •
Neue Meeresräuber 70 •
Fleischfresser 84

Dinosaurier der Kreide

Die Kreide-Meere

Während sich die flachen, kreidezeitlichen Meere mehrmals ausdehnten und wieder schrumpften, veränderte sich die marine Tierwelt. Ältere Lebensformen verschwanden und neue entwickelten sich. Einige starben später wieder aus, aber andere haben bis heute überdauert.

Teleostei und neue Haie

Neuzeitliche Haie entwickelten sich aus älteren Formen zu Beginn der Kreide. Die neuen Haie oder Neoselachier hatten noch das Knorpelskelett früherer Haie, aber ihre Wirbelsäule war mit knochenähnlichem Kalzium verstärkt. Bei den Knochenfischen fand eine Revolution statt, als Teleostei (Strahlenflosser) sich explosionsartig entwickelten und die Meere beherrschten. Gegen Ende der Kreide waren Strahlenflosser die häufigsten Fische in fast jedem Lebensraum im Wasser.

Moderne Haie sind denen, die durch die kreidezeitlichen Meere schwammen, sehr ähnlich. Im Unterschied zu früheren Haien hatten diese neuen Haie ein bewegliches Kiefergelenk, das es ihnen erlaubte, ihr Maul sehr weit aufzureißen und große Fleischstücke aus ihrer Beute zu reißen.

▲ **Knochenfische**
Die ersten Fische mit knöchernem Skelett erschienen vor rund 400 Millionen Jahren. Sie teilten sich schnell in zwei Gruppen: Fleischflosser, bei denen die Flossen eine fleischige Basis haben, und Strahlenflosser mit Flossen, die direkt aus dem Körper wachsen. Die Strahlenflosser traten in der Kreide die Herrschaft an. Von den Fleischflossern überlebten nur die Coelocanthini in tiefen Gewässern.

Auf dem Meeresgrund

Millionen Jahre lang konnten nur wenige Lebewesen auf dem sauerstoffarmen und mit dickem schwarzem Schlamm bedeckten Meeresboden leben. Zu anderen Zeiten wimmelte es in den von der Sonne beschienenen, flachen Meeren von Leben. Kreidezeitliche Tiere entwickelten sich weiter, um sich den veränderten Lebensbedingungen anzupassen. Muscheln, wie Austern und Herzmuscheln, waren sehr erfolgreich und sehr zahlreich. Manche erreichten Durchmesser von 2 m, und ihre Schalen bildeten große Ablagerungen.

Seesterne erschienen in der Kreide und wurden zu spezialisierten Muscheljägern. Der Seestern zog die beiden Schalen mit seinen Armen auseinander, damit er das darin lebende Tier verspeisen konnte.

▲ *Champsosaurus sah wie ein Krokodil aus, war aber mit den Echsen näher verwandt. Mit seinen kräftigen Kiefern und messerscharfen Zähnen war Champsosaurus ein auf Fische spezialisierter Jäger.*

Süßwasser und Sümpfe

Ähnliche Veränderungen wie in den Meeren fanden auch in Flüssen und Sümpfen statt. Fisch-Familien, die mehr als 100 Millionen Jahre lang dominiert hatten, starben aus. An ihre Stelle traten die erfolgreichen Teleostei, und gleichzeitig entwickelten sich Reptilien, die sich darauf spezialisierten, diese glitschige Beute zu jagen. Diese Gewässer beherbergten auch viele Arten von Krokodilen. Anders als die meisten großen Reptilien überlebten die Krokodile das Massensterben am Ende der Kreide und sind noch heute in warmen Gewässern zu Hause.

▼ *Deinosuchus war das größte Krokodil, das je gelebt hat. Es erreichte eine Länge von 15 m und machte wahrscheinlich Jagd auf größere Dinosaurier, die zum Trinken an Flüsse oder Seen kamen.*

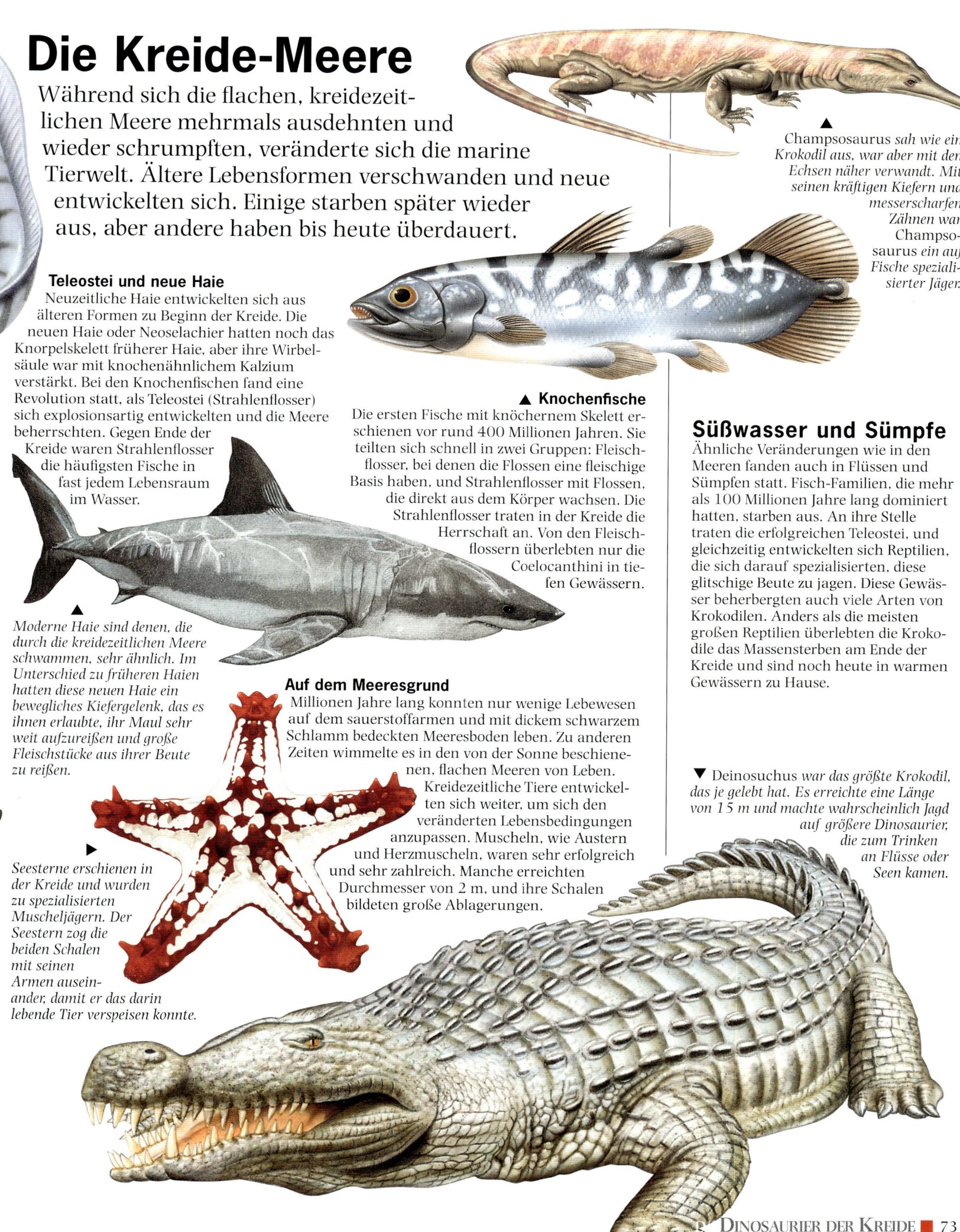

DINOSAURIER DER KREIDE

Kampf um ein Weibchen

Zwei *Pachycephalosaurus*-Bullen kämpfen um ein Weibchen. Mit dem Kopf voran rennen sie aufeinander zu und rammen ihre gepanzerten Schädel aneinander. Nach mehreren Kampfrunden gibt der Schwächere auf, und das stärkere Männchen kann sich mit einem der Weibchen paaren.

Der australische Dinosaurier Muttaburrasaurus hatte einen Höcker auf der Nase. Wenn er kräftig in die über den Nasenknochen gespannte Haut blies, müsste ein lauter, dröhnender Ruf ertönt sein.

Balz und Paarbildung

Alle Tiere müssen sich paaren, um Nachkommen zu haben und das Fortleben ihrer Art zu sichern. Jede Tierart hat ihre eigenen Verhaltensweisen, mit denen ein Partner angelockt oder ausgewählt wird. Bei einigen Arten sind es Rituale oder Signale. Dinosaurier und andere Tiere hatten vermutlich ähnliche Balzrituale wie heutige Tiere.

Rufe

Viele Tiere, vor allem diejenigen, die in Wäldern leben, verständigen sich durch Rufe miteinander. Der Schall pflanzt sich über weite Entfernungen fort, sodass die Tiere wissen, dass Artgenossen in der Nähe sind, auch wenn sie diese nicht sehen können. Bei der Balz kann ein Weibchen Männchen in seiner Nähe durch Rufe mitteilen, dass es paarungsbereit ist. Manche Dinosaurier besaßen Hohlräume und Hauttaschen, mit deren Hilfe sie Töne erzeugt haben könnten. Möglicherweise haben sich Männchen und Weibchen auf diese Weise aufeinander aufmerksam gemacht.

Fortbestand der Arten

Wenn eine Art bestehen bleiben soll, müssen erwachsene Tiere sich paaren, um Junge zu bekommen. Man weiß nicht, wie Dinosaurier sich paarten, aber Wissenschaftler gehen davon aus, dass sie sich ähnlich verhielten wie Reptilien und Vögel heute.

Der Iberomesornis lebte in der frühen Kreide in Spanien. Im Unterschied zu anderen Vögeln besaß er Zähne wie seine Dinosaurier-Vorfahren. Er lebte vermutlich in dichten Wäldern und könnte, vor allem in der Brutzeit, ein leuchtend bunt gefärbtes Gefieder gehabt haben.

Kampf um ein Weibchen 75 • Brutkolonien der Riesen 78 • Mütter und Eier 80 • Schädel 96

Farben und Signale

Sehr häufig lockt ein Tier einen Partner an, indem es ein leuchtend buntes Farbkleid oder einen Teil seines Körpers zur Schau stellt. Viele heutige Reptilien haben Hautfalten, die sie aufstellen können, um einem Partner zu imponieren. Diese Hautfalten sind oft farbenprächtig. Dinosaurier hatten vermutlich ebenfalls farbige Hautbereiche für diesen Zweck. Nach Meinung einiger Wissenschaftler entwickelten bestimmte schnell laufende Raubsaurier besondere Schuppen auf ihrer Haut, die sie aufstellten, um Eindruck zu machen.

Das Fossil von Edmontosaurus zeigt über der Nase und der Schnauze eine Hautfalte, die wie ein Ballon aufgeblasen werden konnte (oben). Damit könnten Töne erzeugt und bei Paarungsritualen Eindruck gemacht worden sein.

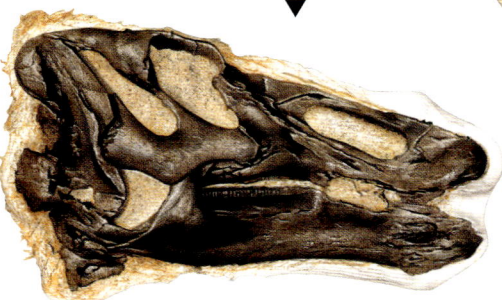

▲ Triceratops trug einen großen Nackenschild am Hinterkopf. Normalerweise lag dieser wohl flach auf dem Rücken, doch wenn der Kopf nach vorn gebeugt wurde, richtete der Schild sich wie die Schwanzfedern eines Pfaus auf. Er könnte dazu gedient haben, einen Partner anzulocken.

◀ *Viele Hadrosaurier hatten große Knochenkämme auf ihren Schädeln. Falls darüber farbige Haut gespannt war, könnten diese Auswüchse bei der Balz eine Rolle gespielt haben. Vielleicht waren Hadrosaurier sogar in der Lage, die Farbe der Kämme so zu verändern, wie heute einige Echsen ihre Hautfarbe verändern können.*

DINOSAURIER DER KREIDE

Spinosaurus, *ein Jäger aus Afrika, wurde 12 m lang. Auf seinem Rücken trug er ein großes Hautsegel, das von Knochenstäben gestützt wurde, die aus seinen Rückenwirbeln ragten. Vielleicht war das Hautsegel farbig und ließ das Tier größer aussehen, sodass Rivalen flohen.* ▶

Rivalen abwehren

Tiere mussten nicht nur Partner anlocken, sondern auch Rivalen abschrecken. Manches Imponiergehabe könnte eher dafür gedacht gewesen sein, ein anderes Männchen zu vertreiben, als ein Weibchen anzulocken. Ein männlicher Dinosaurier versuchte wohl, ein Weibchen durch Zurschaustellung seiner Vorzüge oder durch Rufe anzulocken. Erschien dann ein anderes Männchen auf dem Plan, könnte der Dinosaurier ihm durch Laute wie Zischen oder Knurren gedroht haben. Vielleicht hat er dann auch durch Sträuben von Schilden oder Farbwechsel versucht, den Rivalen zum Rückzug zu veranlassen.

◀ *Wenn sich ein Rivale nicht aufgrund des Drohverhaltens zurückzog, kam es wohl zu einem Drohduell. Dabei merkten die Gegner, wer stärker war, und vermieden einen richtigen Kampf. Diese beiden* Pteranodon *schlagen in einem Drohtanz ihre Schnäbel gegeneinander.*

Ornithocheirus-*Männchen riefen laut nach Weibchen und reckten ihre grell gefärbten Schnäbel. Wenn ihre Flügel in Revierkämpfen verletzt wurden, waren sie vielleicht nicht mehr in der Lage zu fliegen und wurden dann das Opfer von räuberisch lebenden Dinosauriern.* ▼

Kampf um Revier und Weibchen

Balz und Paarbildung sind nicht immer leicht. Wir wissen von heute lebenden Tieren, dass sie vor der Paarung oft angriffslustig werden. Nach Meinung von Wissenschaftlern müssten sich einige Tiere der Urzeit ähnlich verhalten haben. *Pteranodon* brachte dabei höchstwahrscheinlich seinen Schnabel und den fast 2 m langen Kopf zum Einsatz. Die Gegner schlugen sich wohl mit den Schnäbeln in dem Versuch, ihren Rivalen aus dem Gleichgewicht zu bringen. Zog sich ein *Pteranodon* zurück, hieß das: Er hatte verloren. Die Hornträger unter den Dinosauriern kämpften mit ihren Schilden und Hörnern so, wie Hirsche heute mit ihrem Geweih.

Männliche Pentaceratops *stellten drohend ihre großen Nackenschilde auf, wenn sie kampfbereit waren. Ließ sich der Gegner davon nicht beeindrucken, kamen lange, spitze Hörner zum Einsatz.* ▼

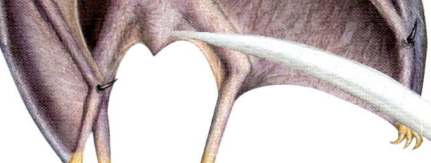

Pterosaurier-Männchen als Opfer

Viele Paläontologen glauben, dass Pterosaurier besondere Brutplätze hatten. Wie einige Tiere unserer Zeit paarten sich Pterosaurier wahrscheinlich nur einmal im Jahr, sodass sie dabei möglichst erfolgreich sein mussten. Die Männchen trafen als Erste ein. Jedes brauchte genug Platz, um sich mit seinen ausgebreiteten Flügeln in Szene setzen zu können. Häufig kam es dabei zu harten Konkurrenzkämpfen. Die Weibchen erschienen später und trafen unter den aufgereihten Männchen ihre Wahl nach der Größe der Flügel und des Schnabelkamms. Oft kam es zu Kämpfen, die mehrere Tage dauerten. Viele Männchen starben dabei vor Erschöpfung oder durch erlittene Verwundungen.

◀ *Der* Pteranodon *war ein fliegender Pterodactyl mit einem großen Knochenkamm am Hinterkopf. Dieser Kamm könnte prächtig gefärbt oder mit Haut oder Haar versehen gewesen sein, das aufgerichtet werden konnte, um einen Konkurrenten in die Flucht zu schlagen.*

Dinosaurier der Kreide

Brutkolonien der Riesen

Hadrosaurier oder Entenschnabel-Dinosaurier lebten in großen Herden in der Kreide. Zur Brutzeit legten die Weibchen ihre Eier alle zur gleichen Zeit in einer großen Kolonie ab. Da die werdenden Riesenmütter zu schwer waren, um ihre Eier zu bebrüten, bedeckten sie ihre Nester vermutlich mit Blättern und Zweigen und versorgten ihre Jungen dann nach dem Schlüpfen. Diese kleinen Dinosaurier sind gerade aus ihren hartschaligen Eiern gekrochen und werfen einen ersten Blick auf die Welt.

Vergrabene Schätze

Fossilierte Dinosaurier-Eier wurden bisher an rund 200 Fundstätten ausgegraben, aber vermutlich sind noch viele im Boden verborgen. Sie sehen aus wie Steine und sind darum schwer zu entdecken.

Dieses Gelege eines Therizinosaurus ist zwischen 110 und 65 Millionen Jahre alt. ▼

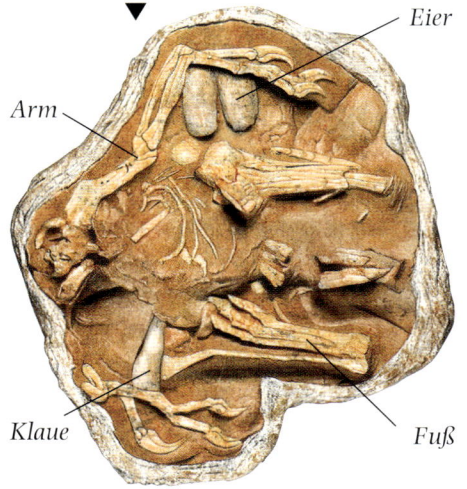

Dies ist eine fossilierte Oviraptor-Mutter auf ihrem Gelege. Sie starb vor 80 Millionen Jahren, als sie es vor einem Sturm oder einer Flut schützen wollte. Das zeigt, dass Dinosaurier für ihre Jungen sorgten. ▼

Arm — Eier — Klaue — Fuß

Aus einigen Eiern schlüpfen kleine Hadrosaurier. Dinosaurier legten viele Eier, damit mehr Jungtiere Chancen hatten, erwachsen zu werden. ▼

Kampf um ein Weibchen 75 •
Balz und Paarbildung 76 •
Brutkolonien der Riesen 78

Mütter und Eier

Wie war eine Dinosaurier-Mutter – Furcht einflößend und wild oder fürsorglich und sanft? Funde von versteinerten Eiern, Dinosaurier-Babys, Nestern und sogar Embryonen, die noch in ihren Eiern lagen, haben uns eine Menge darüber verraten, wie Dinosaurier ihre Jungen bekamen und aufzogen. Es ist sogar möglich festzustellen, ob sie gute Eltern waren.

◀ *Fossil eines Dinosaurier-Jungtiers, das gerade schlüpfte.*

Klein angefangen

Es gab Dinosaurier-Eier, die bis zu 45 cm groß waren, aber viele waren so klein, dass sie in eine Menschenhand passen würden. Ein kleines Ei bedeutete nicht, dass auch der Dinosaurier klein werden würde. Viele riesige Dinosaurier schlüpften aus kleinen Eiern, so wie auch eine große Eiche aus einer winzigen Eichel keimt.

▶ *Dieses Modell zeigt einen Embryo in seinem Ei, mit Blutgefäßen, die mit dem Eigelb verbunden sind, und mit der zum Magen des Dinosauriers führenden Nabelschnur.*

▲ *Dieses Modell eines Therizinosaurus-Embryos wurde nach Funden naturgetreu gestaltet. Der Embryo liegt zusammengekauert in der schützenden Eischale.*

In einer Schale geborgen

Dinosaurier legten hartschalige Eier, wie es Vögel heute tun. Die Eier hatten ein Eigelb, das Nahrung für den werdenden Embryo enthielt, und Blutgefäße, durch die die Nahrung transportiert wurde. Diese Blutgefäße bildeten die Plazenta. Diese war mit einem Schlauch verbunden, der Nabelschnur, durch den die Nahrung in den Magen des Embryos gelangte.

▼ Zwei Maiasaura-Mütter widmen sich ihrem Nachwuchs. Einige der Kleinen sind frisch geschlüpft, und beide Mütter passen nun auf, dass nicht ein Oviraptor („Eierdieb") kommt, der die Eier stiehlt und frisst. Wie viele Dinosaurier, die zu schwer sind, um sich auf ihr Gelege zu setzen, hat dieses Maiasaura-Weibchen (unten) eine Nestmulde mit Pflanzenmaterial ausgepolstert und wird sie später auch damit bedecken, damit die Eier von der Sonnenwärme ausgebrütet werden.

Dinosaurier – Gute Mütter

Der Name *Maiasaura* bedeutet „Gute-Mutter-Echse" und wurde einer Entenschnabel-Dinosaurierart gegeben, die für ihre Jungen sorgte. Die Tiere bauten Nester, oft an Flussufern, und kümmerten sich um ihren Nachwuchs. Wahrscheinlich bedeckten sie ihr Gelege mit Schichten aus Sand und Pflanzenteilen, damit sich darunter die nötige Bruttemperatur entwickeln konnte. Viele Dinosaurier-Weibchen kehrten alljährlich zu ihrem Brutplatz zurück. Sie scheinen gesellig gelebt und ihre Nester nahe beieinander gebaut zu haben. In der Gruppe waren sie vor Räubern, die es auf die Eier abgesehen hatten, sicherer. So hatten *Maiasaura*-Junge bessere Überlebenschancen. Nach dem Schlüpfen blieben die Jungen im Nest und wurden von den Eltern gefüttert, bis sie selbst für sich sorgen konnten.

▼ Diese Leaellynasaura-Mutter hat ihr Nest mit Blättern bedeckt. Mit der Schnauze prüft sie die Bruttemperatur.

Thermometer-Schnauze

Damit ein Embryo sich im Ei gut entwickeln kann, muss stets die richtige Temperatur herrschen. Wird es zu kalt, kann der Embryo nicht wachsen, und wird es zu heiß, stirbt er. Alle Dinosaurier-Eier waren porös, sodass Luft hinein- und hinausströmen konnte, aber es war dennoch schwierig, für die richtige Temperatur zu sorgen. Einige Dinosaurier entwickelten eine besondere Methode der Brutfürsorge. Sie steckten ihre empfindsame Schnauze in das Nest, um zu prüfen, ob die Temperatur richtig war.

Geschickte Jäger

Ein Rudel fressgieriger *Deinonychus* fällt in der kreidezeitlichen Landschaft über einen großen *Triceratops* her. Obwohl diese Raubsaurier recht klein waren – ein ausgewachsenes Tier wurde rund 3 m lang und wog 60 kg –, nahmen sie es selbst mit den größten Pflanzenfressern auf. Sie waren mit furchtbaren sichelförmigen Krallen (*Deinonychus* bedeutet „Schrecken erregende Kralle") und mit kräftigen Kiefern bewehrt und jagten im Rudel, wie heute Wölfe. Sie konnten mit Beutetieren fertig werden, die sie an Größe mehrfach übertrafen.

Fleischfresser

In der Kreidezeit beherrschten die schrecklichsten aller Dinosaurier, Fleischfresser, die Erde. Einige wurden unglaublich groß und nahmen es mit den riesigen Pflanzenfressern auf. Andere waren Aasfresser, die Kadaver mit ihrem Geruchssinn aufspürten. Viele jagten im Rudel. Oft töteten die Raubsaurier ihre Beute mit scharfen Klauen und Dolchzähnen. Aber nicht alle hatten es auf große Pflanzenfresser abgesehen – manche ernährten sich auch von kleinen Säugern oder Fischen.

Klauen und Gebiss
Die wichtigsten Waffen waren ein kräftiges Gebiss voller scharfer Zähne zum Zerbeißen und große, starke Klauen zum Ergreifen und Aufschlitzen der Beute.

Furchtbarer Biss
Tyrannosaurus hatte so starke Kiefer und scharfe Zähne, dass er selbst Knochen durchbeißen konnte. Dank seines kräftigen Halses konnte er kleinere Beutetiere ins Maul nehmen und totschütteln.

Der längste Dinosaurier-Zahn, der je gefunden wurde (links), war 40 cm lang und bestens zum Beißen geeignet. Er gehörte einem Gigantosaurus, *der seine Beute mit einem einzigen Biss tödlich verletzen konnte.*

Scharfe Klauen
Viele Fleischfresser hatten große Klauen, die sie in das Opfer schlagen konnten. Die größten, je gefundenen Klauen gehörten *Megaraptor*, der damit seiner Beute den Leib aufriss.

Von einem Kadaver wie diesem konnte ein Tyrannosaurus *mehrere Tage lang satt werden.*

Gut gebaut
Tyrannosaurus entwickelte sich zu einer schrecklichen Tötungsmaschine. Der Schwanz konnte das Gewicht des riesigen Kopfes nicht im Gleichgewicht halten, darum waren die Arme klein und leicht, endeten aber in zwei scharfen Klauen.

Diese 27 cm lange Zehen-Klaue eines Megaraptors *(rechts und oben maßstabsgetreu) gleicht einem Fleischermesser.*

Auf der Jagd
Fleisch fressende Dinosaurier fanden ihre Nahrung auf unterschiedliche Weise. Große Raubsaurier wie *Gigantosaurus* rissen einen großen Bissen aus der Beute und ließen sie dann verbluten. Andere holten ihre Opfer im schnellen Lauf ein oder griffen die alten oder schwachen Tiere einer Herde an. Andere Raubsaurier fraßen mehr Aas als selbst erlegte Tiere. Das war weniger gefährlich und Kräfte sparend. Sicherlich brauchten sie einen guten Geruchssinn, um Aas zu finden, und mussten ihre Mahlzeit wohl oft genug gegen andere Tiere verteidigen, die daran teilhaben wollten.

Nahrungskette

Pflanzenfresser mussten ungeheure Mengen fressen, um satt zu werden, weil Pflanzen wenig Energie liefern. Viele Fleischfresser konnten dagegen vom Kadaver eines Pflanzenfressers tagelang überleben, denn Fleisch gibt mehr Energie.

große Fleischfresser

Fleischfresser

Pflanzenfresser

Pflanzen

Glitschiger Fang

Baryonyx ernährte sich von Fischen. Er konnte die glitschige Beute mit seinen langen, schmalen Kiefern, die denen eines Krokodils ähnelten, packen und zwischen Daumenkrallen und Fingern wie im Schraubstock halten. Das Segel auf seinem Rücken diente als Steuerflosse im Wasser, wenn er vorbeischwimmenden Fischen nachjagte.

Jagd vom Himmel herab

Fleischfresser gab es auch am Himmel. Vogelähnliche Pterosaurier hatten von dort einen guten Überblick und konnten im Flug mit ihrem langen Schnabel Fische aus dem Wasser „schöpfen" oder ans Ufer gespülte tote Fische erspähen. Dieser *Tapejara* hatte eine Flügelspannweite von 5 m, konnte aber nicht wie andere Pterosaurier über viele Kilometer gleiten, sondern flog langsam, weil der farbige Schädelkamm dreimal so groß wie sein Kopf war. Bei Wind hatte er Mühe, das Gleichgewicht zu halten. Wahrscheinlich sollte der Kamm in der Brutzeit Weibchen anlocken.

Triceratops könnte mit grellen Warnfarben auf dem Nackenschild oder dem Knochenkamm Feinde eingeschüchtert haben.

Dieser *Parasaurolophus* wird das Opfer eines Fleischfressers, hat aber vorher noch durch lautes Tuten seine Herde vor dem Raubsaurier gewarnt.

Schnell und intelligent

Die größten Dinosaurier waren nicht immer auch die gefährlichsten. Intelligenz und Schnelligkeit konnten genauso tödlich sein. Dieser *Velociraptor* konnte über 50 km in der Stunde zurücklegen und war vielleicht in der Lage, sich mit seinem Rudel zu verständigen.

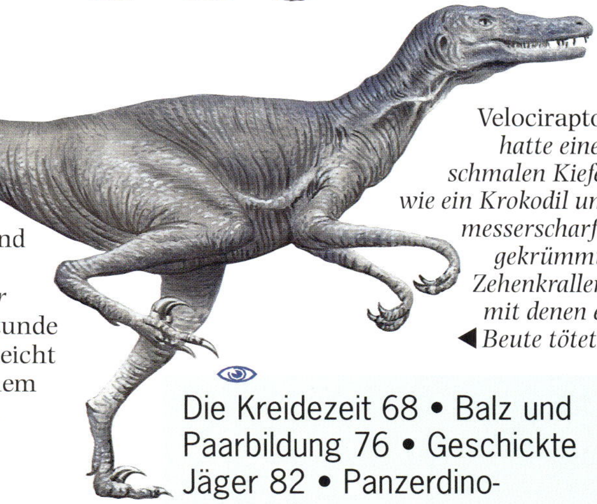

Velociraptor hatte einen schmalen Kiefer wie ein Krokodil und messerscharfe, gekrümmte Zehenkrallen, mit denen er Beute tötete.

Die Kreidezeit 68 • Balz und Paarbildung 76 • Geschickte Jäger 82 • Panzerdinosaurier 88

DINOSAURIER DER KREIDE

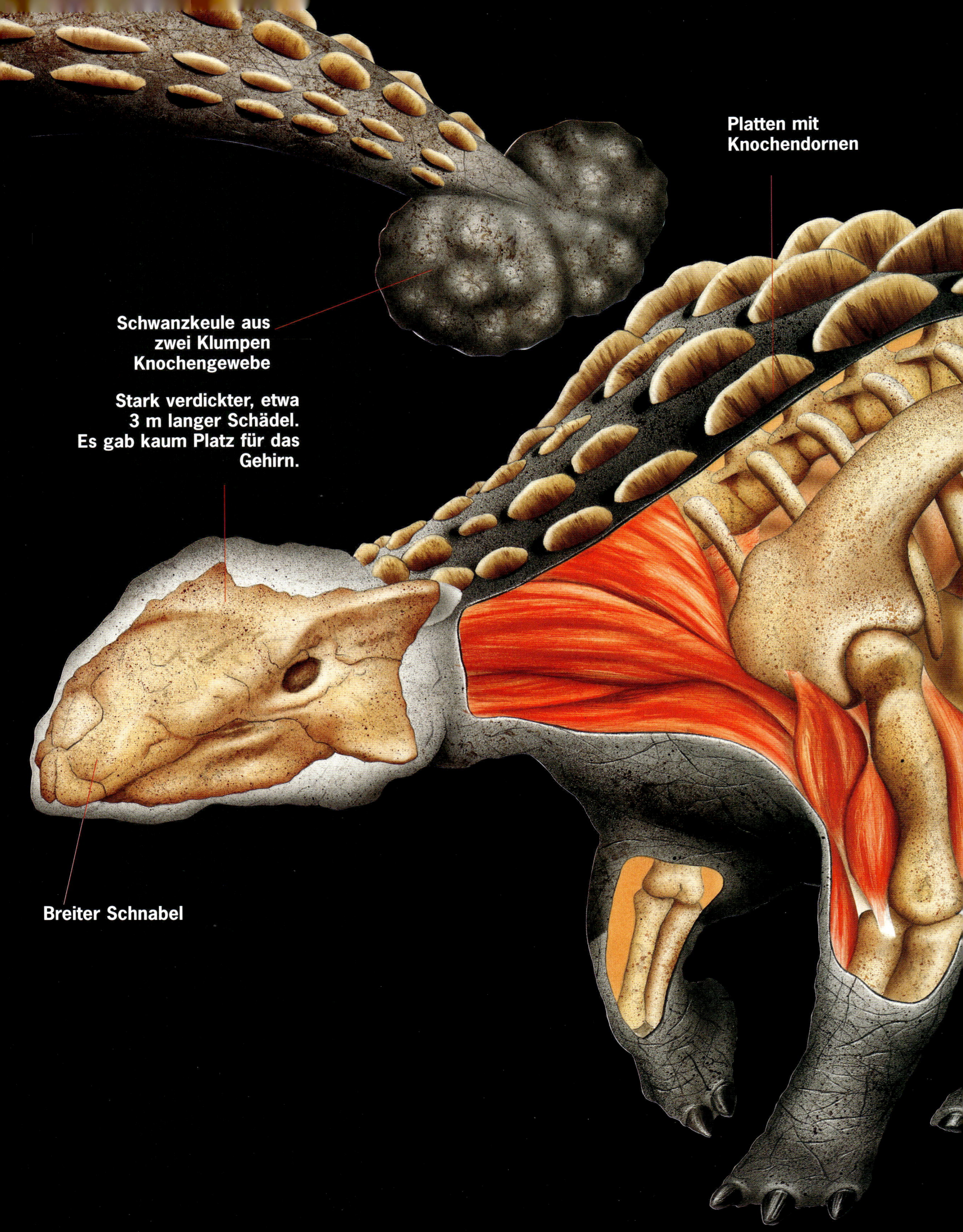

Ankylosaurus

Ankylosaurus war der größte aller gepanzerten Dinosaurier. Er war eine viele Tonnen wiegende lebende Festung und trug eine keulenartige Schwanzwaffe, mit der er Beine und Schädel von Angreifern zertrümmerte. Die wenigsten Raubsaurier waren mutig genug, es mit diesem schwer gepanzerten Koloss aufzunehmen.

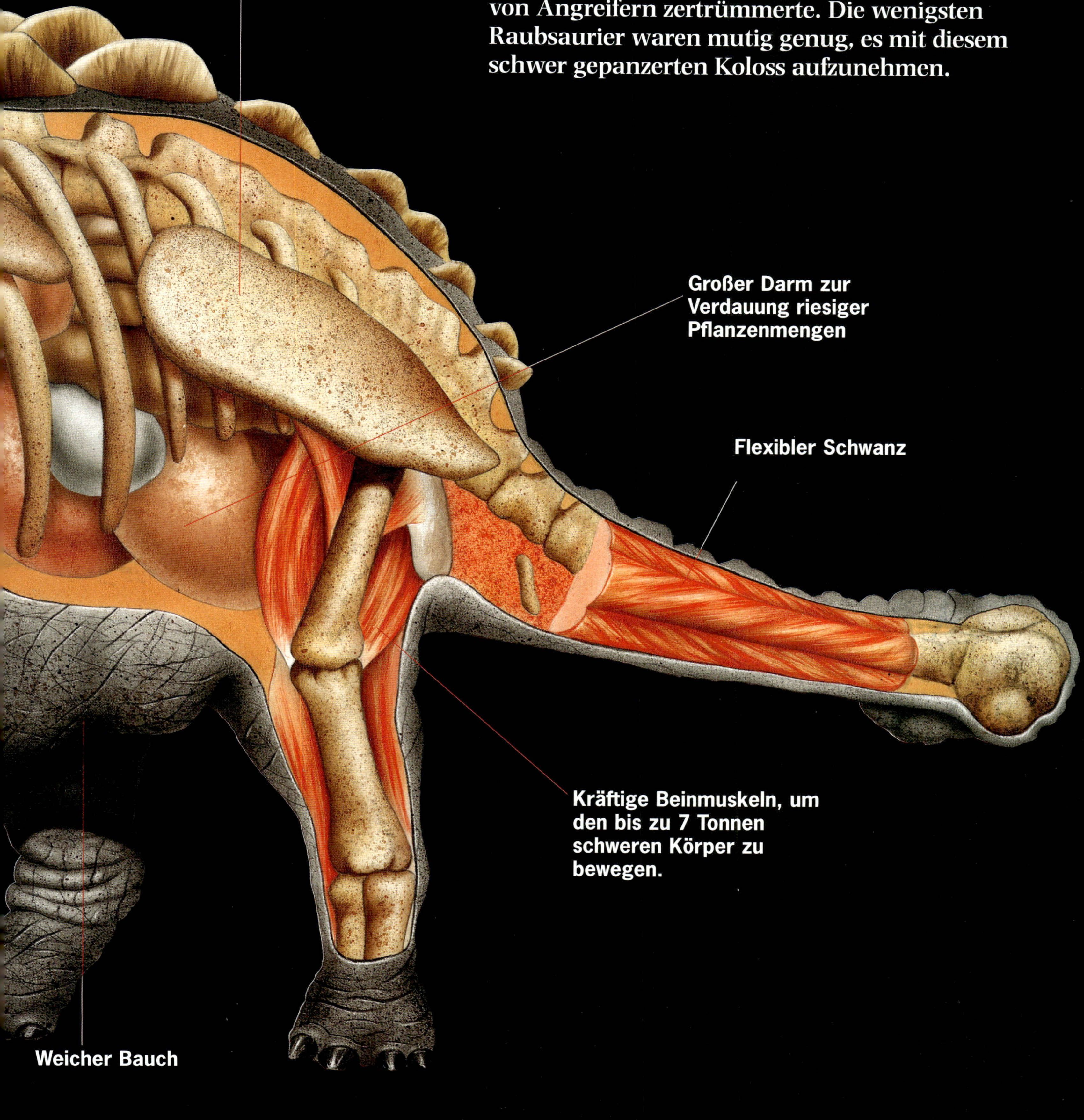

Breites Becken (3 m), das Schwanzschläge verstärkte.

Großer Darm zur Verdauung riesiger Pflanzenmengen

Flexibler Schwanz

Kräftige Beinmuskeln, um den bis zu 7 Tonnen schweren Körper zu bewegen.

Weicher Bauch

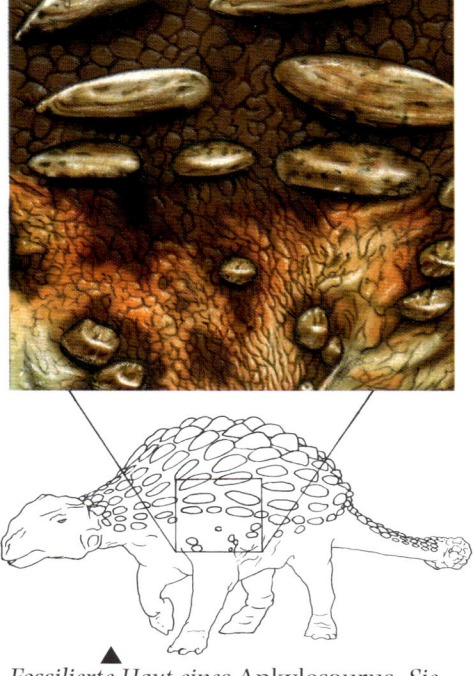

Fossilierte Haut eines Ankylosaurus. Sie ist mit verschieden großen Knochenplatten besetzt, die alle dick genug waren, um die Klauen eines Angreifers abzuwehren.

Was bedeutet der Name?

Die beiden Familien der Panzerdinosaurier sind eng miteinander verwandt und haben Namen, die ihre Panzerung beschreiben. Die Nodosauriden heißen übersetzt „Knochenechsen", denn Knochenhöcker bildeten einen unbeweglichen Rückenpanzer. Der Name Ankylosauriden bedeutet „Verschmolzene Echsen" und bezieht sich auf die Streifen aus festem Knochen, die über den Rücken dieser Dinosaurier verliefen. Der Panzer der Ankylosauriden war flexibel, sodass sie sich gut bewegen konnten.

👁

Die Kreidezeit 68 • Balz und Paarbildung 76 • Ankylosaurus 87

Polacanthus war ein Nodosauride, der vor rund 120 Millionen ▶ Jahren in Europa lebte. Neben Knochenhöckern besaß er zum Schutz vor Feinden lange Dornen. Im Hüftbereich, wo der Panzer besonders kräftig war, gab es keine Dornen.

Panzerdinosaurier wurden ▶ meist auf den nördlichen Kontinenten gefunden. Die ältere Nodosauriden-Familie kam in Europa und Nordamerika vor, aber die späteren Ankylosauriden lebten im westlichen Nordamerika und östlichen Asien. Möglicherweise stammen die Ankylosauriden von Nodosauriden ab, die vor 110 Millionen Jahren in Nordamerika lebten.

● *Ankylosauriden*
● *Nodosauriden*

Panzerdinosaurier

Gepanzerte Dinosaurier erschienen in Europa zu Beginn der Kreide und verbreiteten sich später auch in Nordamerika und Teilen von Asien. Sie waren mit 3 bis 8 m Länge mittelgroß, aber massig gebaut, mit schwerem Körper und dickem Knochenpanzer. Sie liefen auf vier Beinen und waren Pflanzenfresser. Wissenschaftler haben nur wenige Fossilien dieser Dinosaurier gefunden. Das könnte bedeuten, dass es nicht allzu viele von ihnen gab oder, dass sie in Gebieten lebten, wo selten Fossilien entstehen, wie in Gebirgen.

Nodosaurus lebte vor ▶ rund 95 Millionen Jahren in Nordamerika. Der kräftige Knochenpanzer verlief vom Kopf über den Rücken bis zur Schwanzspitze.

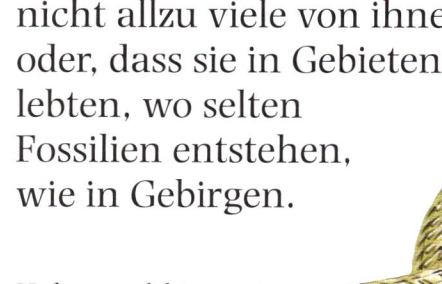

Die Nodosauriden

Die Nodosauriden waren die primitiveren Panzerdinosaurier. Sie liefen auf allen vieren und waren durch Platten und Dornen geschützt. Ihre Schädel bestanden aus dicken Knochen und sie hatten kleine, einfache Zähne sowie einen spitzen Schnabel vorn am Kiefer. Diese Dinosaurier fraßen vermutlich niedrige Pflanzen, die sie kaum zu kauen brauchten.

■ Dinosaurier der Kreide

Pinacosaurus wurde etwa 5 m lang, war aber sehr viel schlanker als die meisten anderen Panzerdinosaurier. Er lebte vor rund 80 Millionen Jahren in Nordamerika. Wie andere Panzerdinosaurier hatte er kleine, schwache Zähne. Vermutlich fraß er weiche Früchte statt harter Pflanzen.

Die Ankylosauriden

Die höher entwickelten Ankylosauriden traten vor rund 110 Millionen Jahren in Asien und Nordamerika auf, kamen aber nie bis nach Europa. Ihre Panzerung war beweglicher und vollständiger als die der Nodosauriden – selbst die Augenlider waren gepanzert. Am Ende ihres muskulösen Schwanzes saß bei den Ankylosauriden eine kiloschwere Knochenkeule. Sie konnte hin und her geschwungen werden. Ein Treffer mit der Keule konnte selbst einen Koloss wie *Tyrannosaurus* schwer verletzen oder sogar töten.

Panzerung

Nodosauriden und Ankylosauriden besaßen ihren Panzer zur Verteidigung gegen so mächtige Raubsaurier wie *Tyrannosaurus* und *Albertosaurus*. Viele Dinosaurier hatten Knochenplatten in der Haut, aber bei den Panzerdinosauriern bedeckten diese fast den gesamten Körper. Der Nacken, der Körper und der Schwanz waren von festen Knochenschichten umhüllt, aus denen Dornen und Höcker ragten. Der Schädel war besonders stark gepanzert. Die Tiere hatten dicke Schädelknochen und in der Kopfhaut wuchsen knochige Schuppen. Bei manchen Arten waren auch die Augen und Nasenlöcher durch Knochen geschützt.

Einer der am stärksten gepanzerten Dinosaurier war Euoplocephalus, *dessen Name „Gut gepanzerter Kopf" bedeutet. Mehrere Skelette und viele Beispiele für den Panzer dieses massiv gebauten Dinosauriers wurden gefunden. Neben dem üblichen Ankylosaurier-Panzer hatte* Euoplocephalus *Dornen auf Schultern und Nacken.*

Vor einem großen Angreifer duckten sich Nodosauriden vermutlich und krallten sich im Erdreich fest. Nur ihre schwer gepanzerte Oberseite war dann dem Räuber ausgesetzt. Der weiche, an den Boden gepresste Bauch von Hylaeosaurus war so vor Verletzungen sicher.

Verteidigungsstrategien

Die Panzerdinosaurier verließen sich sicherlich auf ihren Panzer, aber sie wehrten sich auch aktiv gegen Angriffe. Alle Panzerdinosaurier waren stark und beweglich und konnten vermutlich auch in einen schwerfälligen Trott verfallen. Wenn sie auf einen kleinen oder mittelgroßen Angreifer stießen, haben sie wohl ihren gepanzerten Kopf gesenkt und sind auf ihn zugerannt, in der Hoffnung, ihn umrennen zu können. Ein angreifender 4-Tonnen-Dinosaurier mit festem Knochenpanzer und scharfen Dornen muss ein Furcht erregender Anblick gewesen sein. Gegen große Raubsaurier, wie *Tyrannosaurus*, führte diese Taktik aber vermutlich nicht zum Erfolg, weil der Jäger selbst schrecklich bewaffnet war.

Drei Ansichten eines Ankylosaurus-Schwanzes.

Vorder- und Seitenansicht eines Euoplocephalus-Schwanzes.

Die Ankylosauriden schwangen ihre Schwanzkeule als Waffe gegen Feinde. Wahrscheinlich haben sie dem Gegner den Rücken zugewandt und ihren Schwanz hin und her geschwungen. Sicherlich konnten nur wenige Angreifer die Wucht solcher Schläge verkraften.

Zwei fossilierte Schwänze von Ankylosauriden wurden von Paläontologen gefunden.

Die Schwanzkeule

Nur wenige Tiere haben je eine Waffe wie die Schwanzkeule der Ankylosauriden besessen. Knochenverdickungen in der Haut waren mit den letzten beiden Schwanzwirbeln verwachsen. Bei den meisten Arten bildeten sie zwei Knochenhöcker, einen auf jeder Seite des Schwanzes. Einige Arten hatten große Dornen auf dem Schwanz, mit denen die Zerstörungskraft der Waffe erhöht wurde. Dicke Sehnen verliefen von der Keule zur Schwanzwurzel, wo sie mit an den Hüften ansetzenden Muskeln verbunden waren. Diese Muskeln bewegten die Keule mit Wucht seitlich hin und her, aber nicht nach oben und unten. Sicherlich wurde die Waffe dicht über dem Boden gegen die Beine eines Angreifers geschwungen.

Dinosaurier der Kreide ■ 89

Der Riese der Flugsaurier

Das größte flugfähige Tier aller Zeiten war *Quetzalcoatlus*, der am Ende der Kreidezeit am Himmel Nordamerikas flog. Mit einer Flügelspannweite von 12 m und einem Gewicht von fast 90 kg konnte dieser riesige Segler stundenlang auf den warmen Luftströmungen gleiten, die von der heißen, feuchten Landschaft aufstiegen.

Leben in der Luft

Im Verlauf der Kreide passte sich eine Vielzahl der fliegenden Tiere den Veränderungen der Umwelt an. Die Pterosaurier oder Flugsaurier waren nicht länger die einzigen fliegenden Tiere. Vögel wurden immer zahlreicher und wichtiger. Die Langschwanz-Pterosaurier starben aus, und nur die Kurzschwanz-Pterosaurier oder Pterodactylen blieben übrig. Diese wurden mit der Zeit immer größer, bis sie wahre Riesen geworden waren. Am Ende der Kreidezeit veränderte sich alles, als die Pterosaurier endgültig ausstarben.

▲ *Die ersten Bienen erschienen in der Kreidezeit. Sie profitierten von einer neuen Futterquelle – dem Nektar und Pollen der Blütenpflanzen, die in der Kreide ebenfalls neu entstanden waren.*

Hesperornis besaß keine Muskeln, die stark genug für das Fliegen waren, und lebte wohl nur im Meer, wo er nach Fischen und anderen Meerestieren tauchte. ▶

Artenvielfalt

Wahrscheinlich gab es in der Kreidezeit eine größere Vielfalt von fliegenden Tieren als zu jeder anderen Zeit der Erdgeschichte. Die Pterosaurier-Reptilien, die in der Trias erstmals flogen, waren immer noch sehr zahlreich, aber auch Vögel entwickelten sich schnell weiter. Ein Vogel namens *Concornis* aus der frühen Kreide Spaniens hatte starke Muskeln und war eindeutig flugfähig. Auch gab es viele Arten von fliegenden Insekten, wie Schmetterlinge, Bienen und Wespen, die alle erstmals erschienen. Vielleicht gab es auch schon ein paar kleine Säugetiere, die von Baum zu Baum gleiten konnten und die Entwicklung von Fledermäusen einleiteten. ▶

Ichthyornis ähnelte modernen Seeschwalben, hatte aber einen größeren Kopf und besaß Zähne. Er war ein guter Flieger und legte auf der Suche nach Beute lange Strecken über dem Meer zurück.

Phobetor

Phobetor war mit 2 m Flügelspannweite ein eher kleiner kreidezeitlicher Flugsaurier. Er hatte lange, spitze Kiefer, die nur im hinteren Bereich mit Zähnen besetzt waren, und lange, spitze Flügel, mit denen er auf Luftströmungen glitt. Am auffälligsten aber war ein Knochenkamm am Schädel. Dieser begann als langer Dorn hinter seinen Augen und verlief in der Mitte des Schädels bis fast zur Schnabelspitze. Man nimmt an, dass *Phobetor* in der Nähe von Binnenseen und Flüssen lebte, wo er mit seinen langen Kiefern im Schlamm nach Würmern und Muscheln suchte.

▶ *Tropeognathus hatte rund 6 m Flügelspannweite. Die Flügel waren sehr dünn, sodass Tropeognathus gut auf den Luftströmungen gleiten konnte, die über den tropischen Ozeanen aufstiegen.*

Tropeognathus

Der Name *Tropeognathus* bedeutet „Schiffskiel-Kiefer" und bezieht sich auf die Form von Knochenkämmen an den Kieferspitzen. Man nimmt an, dass diese Verdickungen es dem Tier ermöglichten, seinen Kopf beim Fischfang in den flachen Meeren, die das heutige Südamerika bedeckten, ruhig zu halten. Wahrscheinlich flog es dicht über dem Wasser und tauchte die Kiefer in die Wellen, um Fische und andere Meerestiere zu fangen. Mit den scharfen, versetzten Zähnen hielt *Tropeognathus* die glitschigen Fische fest, bis er Zeit fand, sie zu verzehren.

Die Kreidezeit 68 • Balz und Paarbildung 76 • Der Riese der Flugsaurier 90

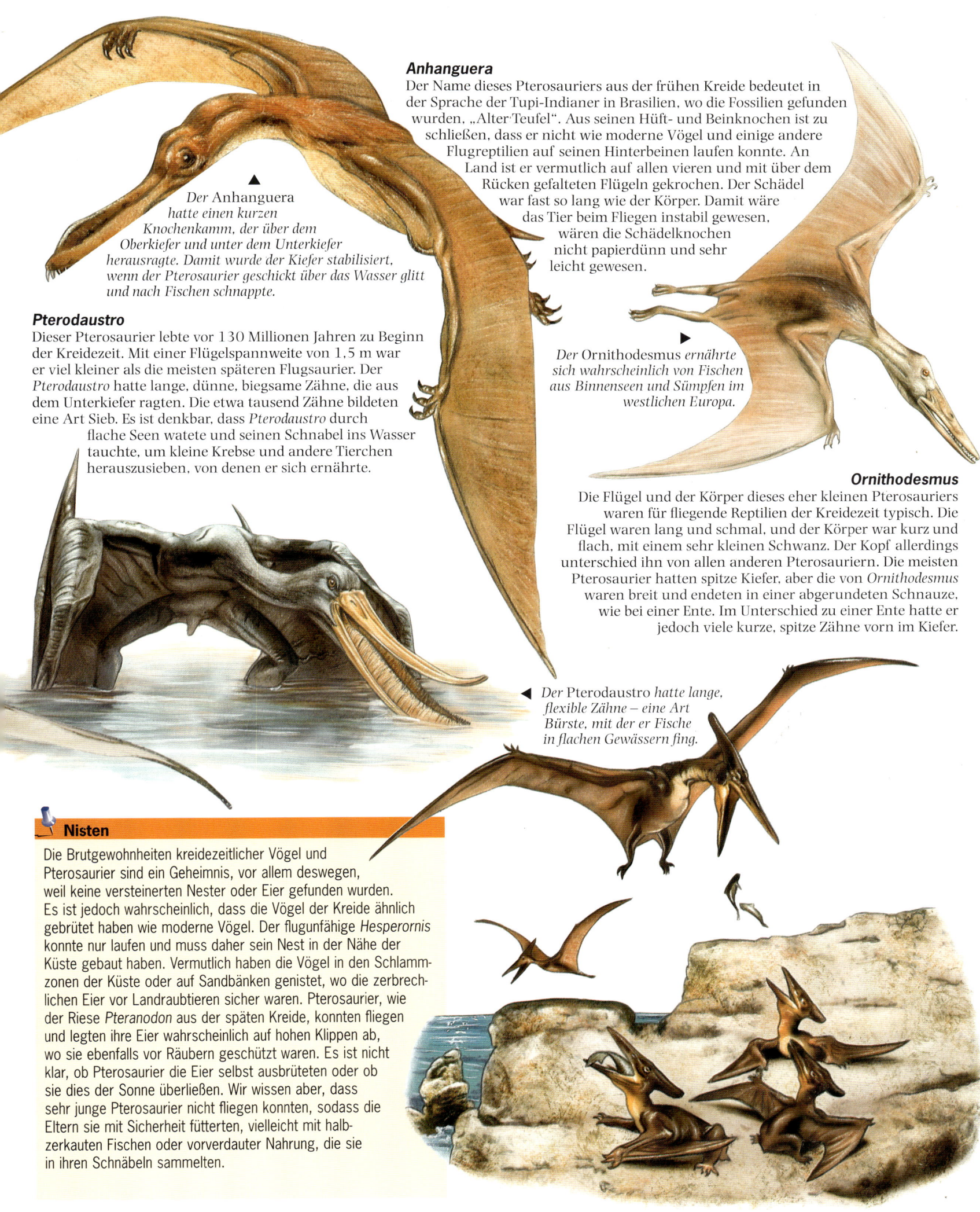

Der Anhanguera hatte einen kurzen Knochenkamm, der über dem Oberkiefer und unter dem Unterkiefer herausragte. Damit wurde der Kiefer stabilisiert, wenn der Pterosaurier geschickt über das Wasser glitt und nach Fischen schnappte.

Pterodaustro

Dieser Pterosaurier lebte vor 130 Millionen Jahren zu Beginn der Kreidezeit. Mit einer Flügelspannweite von 1,5 m war er viel kleiner als die meisten späteren Flugsaurier. Der *Pterodaustro* hatte lange, dünne, biegsame Zähne, die aus dem Unterkiefer ragten. Die etwa tausend Zähne bildeten eine Art Sieb. Es ist denkbar, dass *Pterodaustro* durch flache Seen watete und seinen Schnabel ins Wasser tauchte, um kleine Krebse und andere Tierchen herauszusieben, von denen er sich ernährte.

Anhanguera

Der Name dieses Pterosauriers aus der frühen Kreide bedeutet in der Sprache der Tupi-Indianer in Brasilien, wo die Fossilien gefunden wurden, „Alter Teufel". Aus seinen Hüft- und Beinknochen ist zu schließen, dass er nicht wie moderne Vögel und einige andere Flugreptilien auf seinen Hinterbeinen laufen konnte. An Land ist er vermutlich auf allen vieren und mit über dem Rücken gefalteten Flügeln gekrochen. Der Schädel war fast so lang wie der Körper. Damit wäre das Tier beim Fliegen instabil gewesen, wären die Schädelknochen nicht papierdünn und sehr leicht gewesen.

Der Ornithodesmus ernährte sich wahrscheinlich von Fischen aus Binnenseen und Sümpfen im westlichen Europa.

Ornithodesmus

Die Flügel und der Körper dieses eher kleinen Pterosauriers waren für fliegende Reptilien der Kreidezeit typisch. Die Flügel waren lang und schmal, und der Körper war kurz und flach, mit einem sehr kleinen Schwanz. Der Kopf allerdings unterschied ihn von allen anderen Pterosauriern. Die meisten Pterosaurier hatten spitze Kiefer, aber die von *Ornithodesmus* waren breit und endeten in einer abgerundeten Schnauze, wie bei einer Ente. Im Unterschied zu einer Ente hatte er jedoch viele kurze, spitze Zähne vorn im Kiefer.

Der Pterodaustro hatte lange, flexible Zähne – eine Art Bürste, mit der er Fische in flachen Gewässern fing.

Nisten

Die Brutgewohnheiten kreidezeitlicher Vögel und Pterosaurier sind ein Geheimnis, vor allem deswegen, weil keine versteinerten Nester oder Eier gefunden wurden. Es ist jedoch wahrscheinlich, dass die Vögel der Kreide ähnlich gebrütet haben wie moderne Vögel. Der flugunfähige *Hesperornis* konnte nur laufen und muss daher sein Nest in der Nähe der Küste gebaut haben. Vermutlich haben die Vögel in den Schlammzonen der Küste oder auf Sandbänken genistet, wo die zerbrechlichen Eier vor Landraubtieren sicher waren. Pterosaurier, wie der Riese *Pteranodon* aus der späten Kreide, konnten fliegen und legten ihre Eier wahrscheinlich auf hohen Klippen ab, wo sie ebenfalls vor Räubern geschützt waren. Es ist nicht klar, ob Pterosaurier die Eier selbst ausbrüteten oder ob sie dies der Sonne überließen. Wir wissen aber, dass sehr junge Pterosaurier nicht fliegen konnten, sodass die Eltern sie mit Sicherheit fütterten, vielleicht mit halbzerkauten Fischen oder vorverdauter Nahrung, die sie in ihren Schnäbeln sammelten.

DINOSAURIER DER KREIDE

Die Blütezeit der Dinosaurier

In der späten Kreidezeit nahm die Vielfalt von Dinosauriern und anderen Tieren explosionsartig zu. Die neuen Blütenpflanzen, die mehr pflanzliche Nahrung boten als frühere Pflanzen, scheinen die Ursache für diesen plötzlichen Zuwachs der Artenvielfalt gewesen zu sein. Nichts wies darauf hin, dass die bestehende Situation von einem Massensterben erschüttert werden sollte, das die meisten Lebewesen auf der Erde auslöschte.

Der *Oviraptor* hatte einen merkwürdig gebogenen Schnabel und trug im oberen Gaumen zwei spezielle spitze Zähne, mit denen er die großen Eier anderer Dinosaurier knacken konnte.

Protoceratops (rechts und unten) war einer der ersten Ceratopsier. Sein Schädel hatte den Papageienschnabel aller späteren Dinosaurier dieser Gruppe. Er wies auch ein weiteres Merkmal späterer Ceratopsier auf: einen Nackenschild am hinteren Schädel.

Schädel

In der späten Kreide war die Vielfalt der Arten und Familien von Dinosauriern besonders groß. Völlig neue Typen entwickelten sich und teilten sich im Lauf der Evolution in mehrere ähnliche Arten auf. Unter ihnen gab es Formen mit den größten Kämmen, Hörnern und anderen Kopfauswüchsen, die es je in der Tierwelt gegeben hat.

Mäuler und Zähne

Die meisten Tiere brauchen ihr Maul und ihre Zähne zur Nahrungsaufnahme. Darum untersuchen Wissenschaftler Maul und Zähne von Dinosauriern, um herauszufinden, was sie gefressen haben. Ein Tier mit langen, scharfen Zähnen könnte ein Fleischfresser gewesen sein, während eines mit kurzen, stumpfen Zähnen vermutlich Pflanzenfresser war. Manchmal allerdings sind die Zähne oder das Maul so ungewöhnlich, dass Wissenschaftler nicht sicher sind, was das Tier fraß.

Hörner tragende Dinosaurier

Vor rund 90 Millionen Jahren entwickelte sich eine neue Gruppe von Dinosauriern. Diese Tiere hatten kurze, schnabelartige Schnauzen, die im hinteren Kiefer mit kräftigen Zähnen besetzt waren. Sie entwickelten sich schnell zu den Ceratopsiern. Bald beherrschten große Herden von Ceratopsiern das Land. Vermutlich waren sie so erfolgreich, weil sie mit ihrer Schnauze Pflanzen fressen konnten, die reichlich vorhanden waren. Allerdings weiß man nicht, um welche Pflanzen es sich handelte.

Bei Hadrosauriern, wie *Anatosaurus*, saßen zwar Hunderte von Zähnen weiter hinten im Maul, aber keine weiter vorn (siehe oben). Man nimmt an, dass Hadrosaurier Kiefernnadeln mit der Schnauze abrissen und dann mit den Seitenzähnen zu einem Brei zerkauten.

◀ *Parasaurolophus* hatte einen nach hinten gebogenen Kamm. Dieser Kamm war hohl und könnte kräftig gefärbt gewesen sein.

Balz und Paarbildung 76 • Mütter und Eier 80 • Geschickte Jäger 82 • Die Blütezeit der Dinosaurier 94

Schädelkämme

Die Hadrosaurier hatten auf ihren Schädeln knöcherne Kämme. Die Kämme waren oft hohl, manche bestanden aber auch aus festem Knochen. Für diese Kämme sind mehrere Erklärungen denkbar. Eine davon besagt, dass das Tier darin Luft speicherte, wenn es unter Wasser tauchte. Eine andere sieht in den Kämmen ein hervorragendes Geruchsorgan, und eine weitere geht davon aus, dass damit beim Fressen Zweige zur Seite geschoben wurden. Am wahrscheinlichsten ist, dass die hohlen Kämme zur Lauterzeugung verwendet wurden. Die festen Kämme waren vermutlich bunt gefärbt und kamen bei Paarungsritualen zum Einsatz.

Lambeosaurus trug einen im rechten Winkel vom Kopf abgehenden Kamm mit großen Luftkammern. Dieser könnte Laute erzeugt haben, die sehr weit zu hören waren. ▶

96 ■ DINOSAURIER DER KREIDE

Dinosaurier mit Nackenschild

Als die Ceratopsier immer zahlreicher wurden, entwickelten sie große Nackenschilde, die aus der Hinterhauptregion herauswuchsen und oft so groß wie der übrige Kopf waren. Der Ursprung dieser Schilde könnten Knochenhöcker gewesen sein, an denen kräftige Kiefermuskeln ansetzten. Der Erfolg der Ceratopsier erklärt sich aus ihrer spitzen Schnauze, die eine kräftige Muskulatur besaß. Es wird angenommen, dass die Knochenauswüchse am Schädel später mit dem Paarungsverhalten gekoppelt wurden. Weibchen gaben Männchen mit großen Knochenauswüchsen den Vorzug, vielleicht, weil dies ein Beweis für stärkere Muskeln und eine bessere Nahrungsverwertung war. Mit der Zeit könnte dies dazu geführt haben, dass die Knochenauswüchse größer wurden und auch dazu dienten, Rivalenkämpfe auszutragen. Über Tausende von Generationen entstand so in einigen Fällen ein höchst ausgefallener „Kopfschmuck". Gleichzeitig entwickelten die Ceratopsier kräftige Hörner. Diese wurden sowohl bei Rivalenkämpfen als auch zur Abwehr von Raubtieren eingesetzt.

Styracosaurus hatte nur einen kurzen Nackenschild, aber davon standen viele Stacheln ab, die nach hinten wuchsen. Es muss bedrohlich ausgesehen haben, wenn er auf einen Feind zurannte. ▶

◀ *Torosaurus hatte den größten Schädel aller Landtiere, die je gelebt haben. Der Schädel maß ungefähr 2,5 m und war so lang wie ein Kleinwagen. Er hatte einen besonders langen Nackenschild, ein Paar Hörner über den Augen und ein drittes, kürzeres Horn auf der Nase.*

Triceratops hatte einen kurzen Nackenschild am Hinterkopf und drei scharfe, kräftige Hörner, die nach vorn zeigten. Der Name dieses Dinosauriers bedeutet „Dreihorngesicht". Mit rund 9 m Länge war er einer der größten Ceratopsier. ▼

Der Schädel von Pachycephalosaurus weist die Hauptmerkmale der Dickschädel-Dinosaurier auf. Die Schnauze ist mit scharfen knöchernen Knoten bedeckt und die Schädelrückseite mit größeren, runderen Knoten. Das Schädeldach ist kuppelförmig und hinter den Augen am dicksten. Die Zähne konnten zähes Pflanzenmaterial zerkleinern.
▶

▲ *Mit rund 2 m Länge war Stegoceras ein relativ kleiner Dinosaurier mit verdicktem Schädeldach. Er lebte in Hochlandgebieten Nordamerikas, wo sich selten Fossilien bilden, weswegen nur wenige gefunden wurden.*

Dickschädel

Als Wissenschaftler die Fossilien von Pachycephalosauriern fanden, erkannten sie, dass es sich um einen völlig neuen Dinosauriertyp handelte. Die Schädel dieser Tiere trugen ein enorm dickes Dach aus Knochen, wie man es bisher noch bei keinem Tier gesehen hatte. Fossilien der Körper werden selten gefunden, aber sie scheinen anderen kleineren, Pflanzen fressenden Dinosauriern geähnelt zu haben. Wahrscheinlich entschieden diese Dinosaurier Streitigkeiten um Nahrung oder Partner, indem sie die Schädel aneinander rammten. Die Gegner stellten sich vermutlich einige Meter voneinander entfernt auf, senkten ihre Köpfe und rannten los. Dann knallten die Schädel mit großer Wucht zusammen. Nach mehreren Runden gab der Schwächere sicherlich auf und trollte sich davon.

▶ *Wenn ein Feind eine Herde von Chasmosaurus-Ceratopsiern bedrohte, drängten die Tiere sich eng zusammen. Die größten von ihnen stellten sich dem Angreifer und schwenkten drohend ihre Nackenschilde und Hörner, um ihn zu vertreiben. Junge und kranke Tiere blieben im Hintergrund, wo sie in Sicherheit waren.*

Die geologische Zeittafel

248 Mio.

Präkambrium
(4 600 – 545 Mio.*)
Erste Lebensformen; anfangs einzellige Organismen, dann erste Wirbellose

Kambrium
(545 – 495 Mio.)
Erste Wirbellose, darunter Trilobiten

Ordovizium
(495 – 443 Mio.)
Erste Süßwassertiere und kieferlose Fische

Silur
(443 – 417 Mio.)
Erste Landpflanzen und Landwirbellose, darunter Insekten

Devon
(417 – 354 Mio.)
Erste Wälder, Fische mit Kiefern und Amphibien

Karbon
(354 – 290 Mio.)
Erste Reptilien

Perm
(290 – 248 Mio.)
Erste säugetierähnliche Reptilien

* Mio. = vor Millionen Jahren

Trias
(248 – 206 Mio.)
Erste Dinosaurier und fliegende Reptilien

Jura
(206 – 142 Mio.)
Erste Vögel und echte Säugetiere

Tertiär
(65 – 1,8 Mio.)
Erste große Säugetiere und Hominiden

Quartär
(1,8 Mio. – heute)
Erste moderne Menschen

Vor rund 4,6 Milliarden Jahren verfestigte sich eine um die Sonne wirbelnde Staub- und Gaswolke zum Planeten Erde. Die neugeborene Erde war heiß und unwirtlich, und über 2 Milliarden Jahre vergingen, bevor die ersten Lebensformen erschienen. Wissenschaftler haben die Geschichte der Erde in Zeitalter und Perioden eingeteilt. Die Dinosaurier lebten im Zeitalter des Mesozoikums oder Erdmittelalters in den Perioden der Trias, des Jura und der Kreide.

Kreide
(142–65 Mio.)
*Erste Blütenpflanzen;
Ende der Dinosaurier*

65 Mio.

Aufprall eines Meteoriten

Vor 65 Millionen Jahren gingen alle Dinosaurier – und viele andere Tiere – zu Grunde. Nach der gängigsten Theorie, mit der dieses Ereignis erklärt wird, traf ein gigantischer Meteorit die Erde und verursachte eine gewaltige Explosion, die verheerende Folgen hatte.

Die Meteoriten-Theorie

Über 150 Millionen Jahre lang beherrschten Dinosaurier die Tierwelt. Vor 65 Millionen Jahren aber verschwanden sie. Nur Gestein, das älter als 65 Millionen Jahre ist, enthält Dinosaurierfossilien. Auch viele andere Lebensformen starben zu dieser Zeit aus. Die meisten Wissenschaftler glauben, dass ein dramatisches Ereignis den Massentod verursachte, aber sie sind sich uneins, was genau geschah.

Eine dünne Tonschicht trennt aus der Kreidezeit stammende Gesteine, in denen Dinosaurierfossilien gefunden wurden, von Gesteinen aus dem späteren Tertiär. Die Euro-Münze zeigt, wie dünn die Schicht ist.

Der Chicxulub-Krater an Mexikos Küste, heute unter 1000 m Gestein begraben, ist nach Meinung von Wissenschaftlern die Einschlagstelle des Meteoriten.

Beweise für die Meteoriten-Theorie

1979 untersuchte ein Team der Universität von Kalifornien unter der Leitung von Walter Alvarez Gesteine, die am Übergang von der Kreide zum Tertiär (der KT-Grenze) entstanden waren. Es stellte in den Gesteinen einen hohen Gehalt an Iridium fest, ein Metall, das auf der Erde selten, in Meteoriten und Asteroiden aber häufig ist. Alvarez schloss daraus, dass ein Riesenmeteorit auf die Erde gestürzt war. Seither sind KT-Gesteine an mehr als 150 Fundorten untersucht worden. Alle enthielten viel Iridium. Daraus sei zu schließen, dass ein 10 km dicker Meteorit mit einer Geschwindigkeit von 20 km in der Sekunde aufgeschlagen war. Der Aufprall müsste so gewaltig wie die Explosion von 100 Millionen Wasserstoff-Bomben gewesen sein.

Der Ort des Meteoriteneinschlags

Als sich die Meteoriten-Theorie durchsetzte, begannen Wissenschaftler, nach dem Einschlagsort zu suchen. Der Aufprall eines riesigen Meteoriten müsste deutliche Spuren hinterlassen haben. Der Fund von „geschockten" Quarzkörnern deutet auf das Festland als Einschlagsort hin, Spuren gewaltiger Flutwellen aber auf den Meeresboden. Beides zusammen lässt darauf schließen, dass der Meteorit die Küste oder das flache Meer traf. Dabei könnte ein Krater von 150-200 km Durchmesser, ringförmig von Bergen umgeben, entstanden sein. Im Verlauf von Jahrmillionen danach könnten diese Berge abgetragen worden sein, und der Krater könnte sich mit Sedimenten gefüllt haben. 1991 wurden die Reste eines solchen Kraters vor der Halbinsel Yucatán in Mexiko gefunden. Datierungen ergaben ein Alter von 65 Millionen Jahren.

Ein an der KT-Grenze in Montana, USA, gefundenes Quarzkorn. Unter dem Mikroskop weist es Linien auf, wie sie unter dem extrem hohen Druck von Stoßwellen bei einem Meteoriteneinschlag entstehen.

Der Riesenmeteorit in verschiedenen Phasen seiner Annäherung an die Erde. Kurz vor dem Einschlag müsste er aufgrund der enormen Reibungshitze in der Atmosphäre zu brennen begonnen haben.

Geschmolzene Gesteine aus dem explodierenden Meteoriten hätten Brände entfacht, die Wälder und alle Lebensformen in ihnen vernichteten. Große Mengen Ruß wurden vielerorts in KT-Gesteinen gefunden.

Auswirkungen auf die Umwelt

Im Umkreis von Hunderten von Kilometern wäre die Umgebung der Einschlagstelle zerstört worden, und keine Pflanzen oder Tiere hätten überlebt. Weiter weg hätten glühend heißes Gestein und Asche Feuersbrünste entfacht, die alles niedergewalzt hätten. In Nord- und Südamerika wäre dadurch alles Leben vernichtet worden. Große Aschewolken hätten sich in der Atmosphäre über die ganze Erde ausgebreitet, bevor sie als dichte Schicht, die alles Leben erstickte, auf die Erde niedergesunken wären. Feinere Staubteilchen wären etwa ein Jahr lang in der Luft geblieben. Sie hätten die für alle Lebewesen unerlässliche Sonne verdunkelt, und die Temperaturen wären dramatisch gesunken. Fast alles Pflanzenleben wäre abgestorben. Die meisten Pflanzen hätten wohl Samen hinterlassen, die gekeimt hätten, als das Sonnenlicht zurückkehrte, aber die Tiere, die von den Pflanzen lebten, wären inzwischen ebenso wie die Fleischfresser, die sich von den Pflanzenfressern ernährten, gestorben.

Eine riesige Flutwelle kracht ans Ufer. Der Aufprall des Meteoriten müsste eine 1 km hohe Welle verursacht haben, die über die Meere raste.

Der Temperatursturz, verursacht durch Ruß, der die Sonne verdunkelte, müsste vielerorts zu schweren Schneefällen geführt haben.

Ein Meteoritenkrater in Arizona. Er ist über einen Kilometer breit und entstand durch einen Meteoriten, der vor rund 50 000 Jahren auf die Erde stürzte. Ein Meteoritenkrater der späten Kreide wäre viel größer gewesen.

Tod in den Meeren

Der Meteoriteneinschlag müsste verheerende Auswirkungen auf die Meere gehabt haben. Man schätzt, dass 60 Prozent aller Meeresbewohner ausstarben. Flutwellen hätten sich wohl kaum bemerkbar gemacht, die verdunkelte Sonne und Störungen der Meeresströmungen dafür umso mehr. Die meisten Meeresreptilien verschwanden, aber Schildkröten überlebten ebenso wie Ammoniten, viele Muscheln und verwandte Tiere sowie zahlreiche Fischarten. Unzählige Planktonarten starben ebenfalls aus.

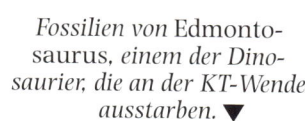

Fossilien von Edmontosaurus, einem der Dinosaurier, die an der KT-Wende ausstarben. ▼

Der Berycopsis lebte vor der Entstehung der KT-Grenze. Seine Nachkommen überlebten das Massensterben. Bis zu 40 Prozent aller modernen Fische stammen von ihm ab.

Tod auf dem Festland

Auf dem Festland war das Massensterben noch viel dramatischer als in den Meeren. Alle über 25 kg schweren Tiere starben ebenso aus wie viele kleinere Arten. Alle Dinosaurier und fliegenden Reptilien gingen zu Grunde, zusammen mit zahlreichen Insekten und anderen Tieren. Obwohl auch viele Säugetiere starben, blieben doch genug übrig, um ihren Fortbestand zu sichern. Krokodile blieben mit einigen Arten am Leben, und nur bestimmte Vogelfamilien waren betroffen. Die meisten Landpflanzen überdauerten die Katastrophe ebenfalls. Der Aufprall eines Meteoriten würde die meisten dieser Veränderungen erklären. Eine Unterbrechung des Pflanzenwachstums hätte alle größeren Tiere, die auf pflanzliche oder fleischliche Nahrung angewiesen waren, getötet. Kleinere Tiere könnten in der Lage gewesen sein, ihren Stoffwechsel durch Fasten zu reduzieren und so zu überleben.

DAS ENDE DER DINOSAURIER

Warum starben die Dinosaurier aus?

Die Dinosaurier könnten auch durch allmähliche Veränderungen des Klimas statt durch ein einmaliges Ereignis wie einen Meteoriteneinschlag ausgelöscht worden sein. Am Ende der Kreidezeit wichen tropische Pflanzen Arten, die ein kühleres Klima bevorzugten. Zu einem Klimawechsel kann es gekommen sein, als Staub von Vulkanausbrüchen die wärmenden Sonnenstrahlen abblockte. Auch ein Absinken des Meeresspiegels könnte sich auf das Klima ausgewirkt haben.

Was ist ein Vulkan?

Ein Vulkan entsteht, wenn Magma aus dem Erdinnern an die Oberfläche quillt. Es gibt unterschiedlich geformte Vulkantypen. Kegelvulkane bilden sich, wenn erkaltete Lava aus dem Schlot ausgeworfen wird. Zusammengesetzte Vulkane haben weniger steile Hänge als Kegelvulkane. Schildvulkane entstehen, wenn geschmolzenes Gestein vom Schlot wegfließt, bevor es sich verfestigt und eine neue Gesteinsschicht bildet. Hawaii-Vulkane entstehen an Spalten in der Erdkruste, wo Magma in langen parallelen Linien aufsteigt und sich über weite Gebiete verteilt.

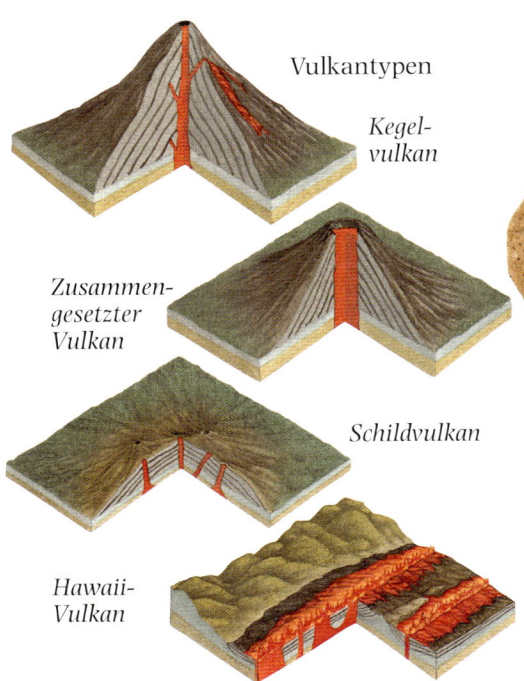

Vulkantypen
Kegelvulkan
Zusammengesetzter Vulkan
Schildvulkan
Hawaii-Vulkan

Dieser Querschnitt (unten) zeigt einen Kegelvulkan. Unter der Erdoberfläche sammelt sich in einer Kammer geschmolzenes Gestein, Magma, und quillt nach oben, wo es als Lava austritt und sich beim Abkühlen verfestigt. Mit der Zeit entsteht ein kegelförmiger Berg. Unterirdisches Wasser wird vom Magma erhitzt und schießt als Geysire oder heiße Quellen empor. ▼

Alternative Theorien

Die Meteoriten-Theorie ist zwar am bekanntesten, aber nicht die einzige Erklärung für das Ende der Dinosaurier. Nach Ansicht mancher Wissenschaftler haben Vulkanausbrüche, Klimaschwankungen und andere Ereignisse zum Massensterben am Ende der Kreide geführt. Andere glauben, dass die Dinosaurier nicht plötzlich, sondern allmählich ausstarben.

Argumente gegen die Meteoriten-Theorie

Wenn die Meteoriten-Theorie zutrifft, wären die Dinosaurier und andere Tiere innerhalb von ein bis zwei Jahren ausgestorben. Fossilienfunde belegen, dass die Dinosaurier rund 10 Millionen Jahre vor der Entstehung der KT-Grenze am zahlreichsten waren. Ihre Zahl und Vielfalt hatten aber bereits nachgelassen, bevor sie ausstarben. Zudem gibt es Anhaltspunkte dafür, dass sich der Meteoriteneinschlag nicht so weit ausgewirkt hätte, wie zuerst angenommen. Schmetterlinge hatten sich in der Kreide entwickelt und brauchten saubere Luft zum Leben. Wäre die Erde von einer Staubwolke bedeckt gewesen, wären alle Schmetterlinge zu Grunde gegangen, was sie aber nicht taten.

Die Dekkan-Trapps und ihre Auswirkungen

Manche Wissenschaftler meinen, intensive Vulkantätigkeit sei die Ursache des Massensterbens in der späten Kreidezeit gewesen. Als die KT-Grenze entstand, fanden im Westen Indiens verheerende Vulkanausbrüche in einem als Dekkan-Trapps bezeichneten Gebiet statt. Geschmolzenes Gestein und Gas strömten aus Vulkanen und ergossen sich über ein Gebiet von der halben Größe Europas. Als sich das Gestein verfestigte, bildete es 10 bis 50 km dicke Lavaschichten. Zu den Gasen gehörte Selen, das Tiere, die sich in Eiern entwickeln, vergiftet. Dies könnte zum Aussterben Eier legender Tiere geführt haben. Die Ausbrüche könnten auch gewaltige Staubwolken emporgeworfen haben, die den Himmel verfinsterten und das Klima abkühlen ließen.

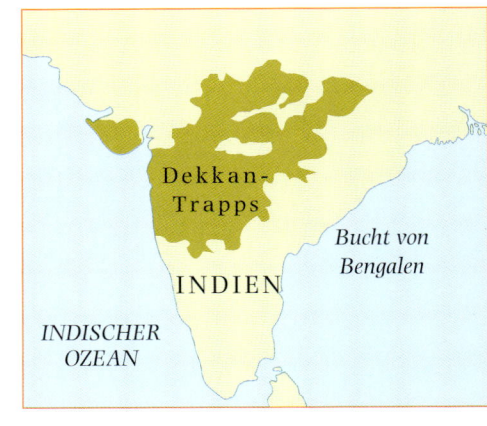

▲ *Die Dekkan-Trapps liegen in Westindien. Die Lavaströme bedeckten ursprünglich wohl ein Gebiet von rund 1,5 Millionen Quadratkilometern.*

Die Konkurrenz der Säugetiere

Nach einer frühen Theorie über den Untergang der Dinosaurier hätten kleine Säugetiere die Eier der Dinosaurier gefressen. Dadurch seien die Eier legenden Dinosaurier zu Grunde gegangen, während die Säugetiere, die lebende Junge gebären, überlebten. Dies ist allerdings unwahrscheinlich, denn die vielen heute lebenden, Eier fressenden Tiere führen auch nicht zum Aussterben von Vögeln und Reptilien. Eine neuere Theorie besagt, dass Säugetiere besser an das neue Klima und neue Pflanzenarten, die am Ende der Kreidezeit auftauchten, angepasst waren. Sie könnten mit der Zeit die Dinosaurier verdrängt und indirekt ihr Aussterben verursacht haben.

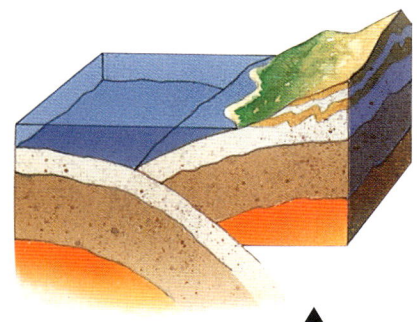

Die Kontinentaldrift könnte die Ursache des veränderten Klimas und Meeresspiegels gewesen sein. Die Erdoberfläche besteht aus mehreren Platten, die auf dem halbflüssigen Kern schwimmen. Sie stoßen aneinander oder schieben sich auseinander. Bei einer Kollision sinkt eine Platte unter die andere, wodurch Erdbeben verursacht und Gebirge aufgefaltet werden.

Abkühlung des Klimas und Absinken des Meeresspiegels

Es gibt eindeutige Beweise dafür, dass sich am Ende der Kreidezeit das Klima änderte und der Pegel der Weltmeere sank. Das müsste sich auf das Leben auf der Erde ausgewirkt haben. In den letzten 10 Millionen Jahren der Kreidezeit wurden Pflanzen, die in einem tropischen, ganzjährig feuchtheißen Klima gediehen, seltener. Stattdessen stieg die Zahl der Pflanzen, die ein kühleres Klima mit Jahreszeiten mögen. Das damit einhergehende Absinken des Meeresspiegels muss ein extremes Klima mit sehr kaltem und heißem Wetter geschaffen haben. Vielleicht waren Dinosaurier und Tiere, die sich in einem stabilen Klima entwickelt hatten, nicht in der Lage, sich den veränderten Bedingungen anzupassen.

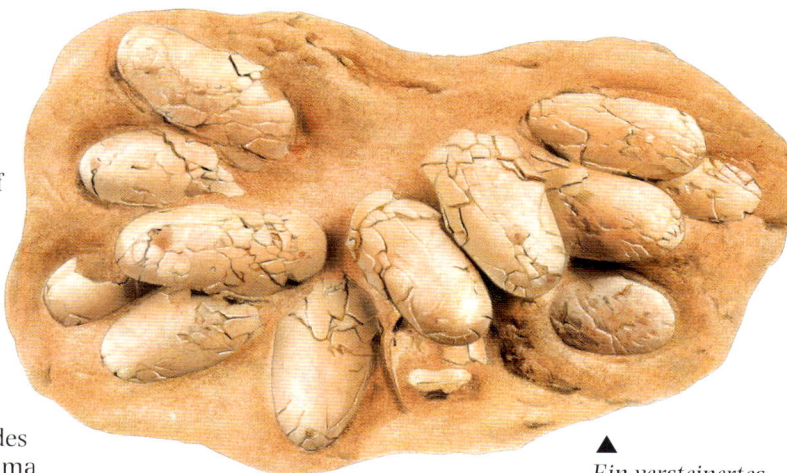

Ein versteinertes Dinosaurier-Gelege. Die Nesttemperatur entscheidet bei einigen modernen Reptilien darüber, ob Männchen oder Weibchen aus den Eiern schlüpfen. Möglicherweise sind nur noch Dinosaurier eines Geschlechts geschlüpft, als das Erdklima abkühlte, sodass die Fortpflanzung unmöglich wurde.

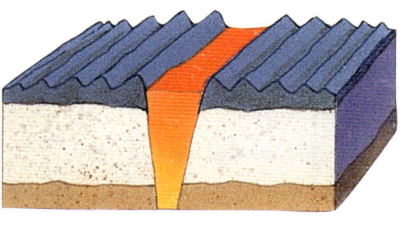

Wenn Platten auseinander driften, quillt flüssiges Gestein aus dem Erdinnern und bildet eine neue Gesteinskruste an der Erdoberfläche.

Manche Wissenschaftler meinen, dass Gift die Dinosaurier tötete.

Es gibt viele andere Theorien

Seit den ersten Funden von Dinosaurierfossilien hat man nach Erklärungen für das Verschwinden der Dinosaurier gesucht. Eine der ersten Theorien besagte, dass Dinosaurier bereits vor der im Ersten Buch Mose erwähnten Sintflut auf der Erde lebten. Aus irgendeinem Grund hatte Noah sie nicht mit auf die Arche genommen, sodass sie alle ertranken. Einer anderen Theorie zufolge kollidierte ein Komet mit der Erde, und das in ihm enthaltene Zyanid vergiftete die Luft. Das erklärt jedoch nicht, warum einige Tiere zu Grunde gingen und andere überlebten. Andere glaubten, dass die neuartigen Blütenpflanzen am Ende der Kreide für Dinosaurier, aber nicht für Säugetiere giftig gewesen waren. Auch das konnte nicht wirklich bewiesen werden. Es gibt noch viele andere Überlegungen, aber keine konnte alle Wissenschaftler überzeugen.

Eine Theorie besagt, dass ein in der Nähe der Erde explodierter Stern den Tod der Dinosaurier verursacht haben könnte. Beweise für eine solche Explosion wurden aber nie gefunden.

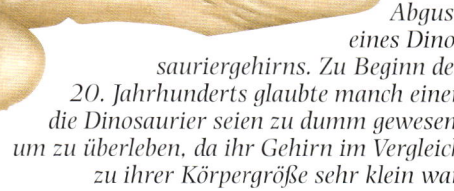

Abguss eines Dinosauriergehirns. Zu Beginn des 20. Jahrhunderts glaubte manch einer, die Dinosaurier seien zu dumm gewesen, um zu überleben, da ihr Gehirn im Vergleich zu ihrer Körpergröße sehr klein war.

DAS ENDE DER DINOSAURIER

Nach den Dinosauriern

Als die Dinosaurier von der Weltbühne abtraten, war das die Chance für die Säugetiere und andere Tiere. Die rasche Evolution höchst unterschiedlicher Tierarten brachte einige merkwürdige Lebensformen hervor. Später aber führte die Entwicklung nach den Dinosauriern zu den Tieren, die wir heute kennen.

Meeresschildkröten stammen von Landschildkröten ab, die sich vor rund 200 Millionen Jahren entwickelten.

Farne, wie dieser Stonchlana, tauchen nach einem Vulkanausbruch als erste Pflanzen auf. Nach dem Meteoriteneinschlag an der KT-Grenze wuchsen überall in Nordamerika zahlreiche Farne.

Der Stör gehört zu den Knochenfischen, die im Devon, rund 100 Millionen Jahre vor den ersten Dinosauriern, erschienen. Die meisten modernen Fische gehören zu den Strahlenflossern.

Ein Griechischer Frosch (Rana graeca), der zur erfolgreichsten modernen Amphibiengruppe gehört, den Fröschen und Kröten. Diese Tiere entwickelten sich vor den Dinosauriern, nahmen aber erst 100 Millionen Jahre später an Zahl zu.

Die Überlebenden

Im Tertiär wurden Säugetiere vorherrschend in der Tierwelt. Aber auch viele andere Tiere überlebten das Aussterben. Mehrere der ältesten Lebensformen, wie Fische und Amphibien, existierten weiter, ebenso wie einige Reptilienarten, wie Eidechsen und Schlangen. Kleinere Tiere, wie Insekten und Spinnen, überlebten ebenfalls und entwickelten sich zu neuen Arten. Als erste Tiere profitierten die Vögel vom Verschwinden der Dinosaurier. Nur wenige Jahrmillionen nach dem Aussterben der Dinosaurier erschienen riesige, flugunfähige Vögel. Diese „Schreckensvögel" starben erst aus, als sich große Raubtiere entwickelten.

Lemuren lebten einst fast auf allen Kontinenten. Heute gibt es sie nur noch auf Madagaskar. Höher entwickelte Affen haben sie überall sonst verdrängt.

Insekten entwickelten sich lange vor den Dinosauriern und lebten wenig verändert weiter, auch als die Dinosaurier ausstarben und die Säugetiere aufkamen. Diese Riesenameise lebte vor rund 50 Millionen Jahren in Mitteleuropa.

Überlebende Säugetiere

Als die Dinosaurier ausstarben, existierten nur wenige der modernen Säugetiergruppen. Es gab kleine, spitzmausähnliche Geschöpfe, die nachts auf der Suche nach Pflanzen und kleinen Tieren umherhuschten. Primitive Igel ernährten sich von Würmern und Insekten. Auch kleine Beuteltiere und Eier legende Kloakentiere lebten zu der Zeit. Mehrere Millionen Jahre sollten vergehen, bevor größere Pflanzenfresser und Raubtiere erschienen.

Purgatorius war ein Säugetier, das bis zum Tertiär lebte. Er war etwa 10 cm lang und ernährte sich wohl von Insekten. Er könnte der Erste der Primaten gewesen sein, einer Gruppe, zu der Affen, Menschenaffen und Menschen gehören.

Wie überlebten die Säugetiere?

Hätten die Säugetiere nicht überlebt, wäre das Leben in den vergangenen 6 Millionen Jahren völlig anders verlaufen, und Menschen, die Säugetiere sind, hätten sich nie entwickelt. Zur Zeit der KT-Grenze waren Säugetiere klein und sehr aktiv, mit hohen Körpertemperaturen. Säugetiere kümmern sich um ihre Jungen, die bei der Geburt weiter entwickelt sind als Reptilien oder Beuteltiere. Das bedeutet, dass sie Notzeiten besser überstehen. Viele Säugetiere schlafen in Höhlen und könnten deshalb in Sicherheit gewesen sein, als der Meteorit auf die Erde stürzte. Vielleicht hat all dies zusammen dazu geführt, dass Säugetiere überlebten, als so viele andere Tiere starben. Was auch immer der Grund für ihren Erfolg gewesen sein mag, sie entfalteten sich schnell, um sich die Vorteile der neuen Weltordnung zu sichern.

Lepticidium war ein kleines, hüpfendes Säugetier, das vor rund 50 Millionen Jahren in Europa lebte. Es überdauerte die KT-Grenze, starb aber vor etwa 25 Millionen Jahren aus.

DAS ENDE DER DINOSAURIER

Nachfolger der Dinosaurier

Die Erde wurde vor 65 Millionen Jahren plötzlich leerer. Alle großen Tiere starben aus und nur einige der kleineren Arten blieben übrig. Mit der Zeit passten sie sich der veränderten Umwelt an. Säugetiere wurden bald die größten Lebensformen, aber andere Tiere spielten ebenfalls eine Rolle.

▶ *Der* Ilingoceros *lebte vor rund 18 Millionen Jahren in Nordamerika und gehörte zur Familie der Antilocapriden. Nur ein Angehöriger dieser Gruppe hat überlebt – der Gabelbock.*

▲ *Weltkarte – frühes Tertiär*

Evolution größerer Säuger

Die größten Pflanzenfresser des Paläozäns waren Pantodonten. Sie waren so groß wie ein kleiner Bär. Erst vor rund 40 Millionen Jahren aber wurden Säugetiere so groß wie heutige Nashörner. Die erste Gruppe, die diese Größe erreichte, waren die Pflanzen fressenden *Uintatheres* von Nordamerika. Mit der Zeit wurden auch andere Säugetiere so groß. Das größte war das *Indricotherium* aus China, das 8 m lang wurde. Selbst dieses Riesentier übertraf einen mittelgroßen Dinosaurier nicht an Größe.

▲ *Weltkarte – spätes Tertiär*

Die Erde im Tertiär

Die Weltkarte veränderte sich im Tertiär weiter. Mit einer Geschwindigkeit von weniger als 1 cm pro Jahrhundert bewegte sich Australien nordwärts von Antarktika weg, Indien schob sich nach Norden gegen Asien, Afrika bewegte sich nach Norden in Richtung Europa und Südamerika bewegte sich nach Norden und verband sich mit Nordamerika. Die Bewegung der Kontinente hatte Folgen für die Säugetiere. Auf manchen Kontinenten, wie Australien, entwickelten sich Tiere, die nirgendwo sonst vorkamen.

▶ *Das Flusspferd entwickelte sich erst vor rund 12 Millionen Jahren.*

◀ *Der Ameisenbär* Eurotamandua *lebte vor 40 Mio. Jahren in Europa. Er fing mit seiner langen, klebrigen Zunge Insekten.*

Artenentfaltung

Mehrere Millionen Jahre lang veränderten sich Säugetiere nur wenig. Vor 50 Millionen Jahren aber kam es zu einem Schub in der Evolution. Wale, Fledermäuse, Hirsche, Faultiere, Schweine, Kamele, Rinder, Nagetiere, Elefanten, Wiesel und andere Säugetiere erschienen innerhalb einer kurzen Zeitspanne. Zehn Millionen Jahre später traten in einem weiteren Evolutionsschub Robben, Bären, Hunde, Katzen, Hasen, Nashörner und Affen auf. Diese Gruppen veränderten sich weiter und brachten die vielfältigen Säugetiere von heute hervor.

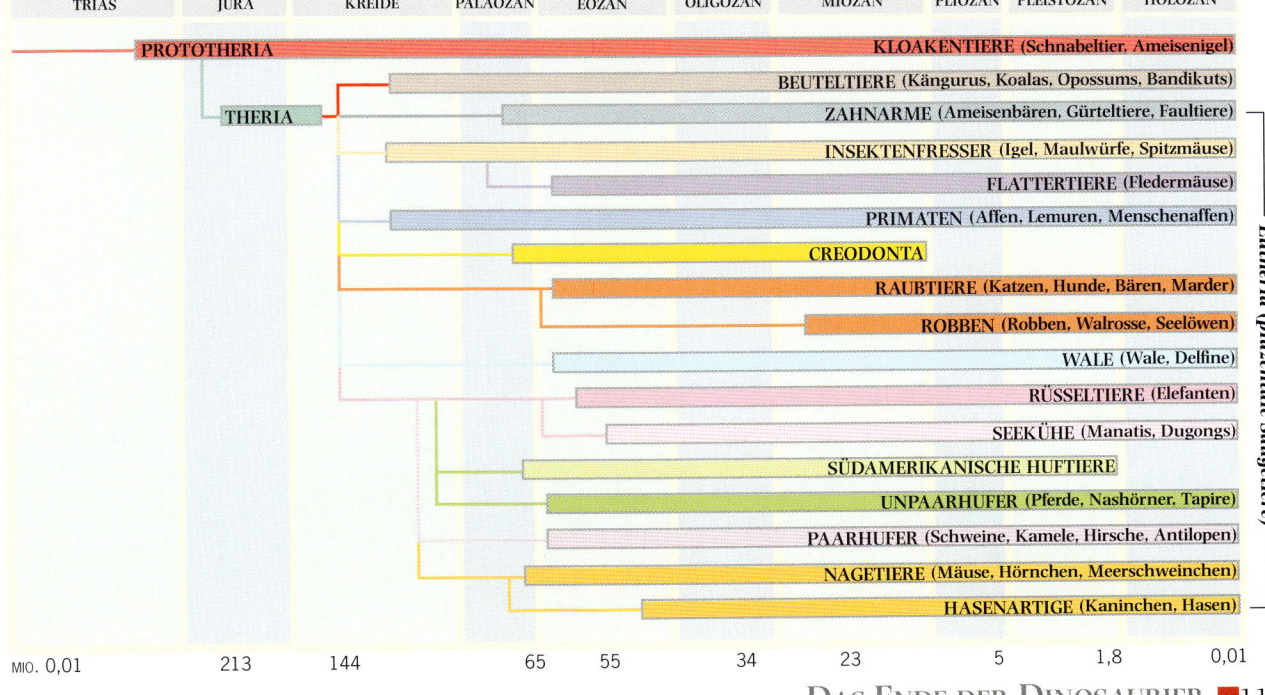

DER STAMMBAUM DER SÄUGETIERE

DAS ENDE DER DINOSAURIER

Dinosaurier für den Film

Ein für den Film erschaffener Dinosaurier ist das Ergebnis jahrelanger Arbeit. Filmregisseure nutzen eine Kombination aus computererzeugter Animation und Plastikmodellen, um Dinosaurier für die Kamera zum Leben zu erwecken. Paläontologen stehen Filmemachern beratend zur Seite.

Dinosaurier nachbauen

Das Fachwissen von Paläontologen verwandelt einen Haufen versteinerter Knochen in einen rekonstruierten Dinosaurier. Durch den Vergleich von Fossilien mit lebenden und ausgestorbenen Tieren können Wissenschaftler herausfinden, wie Dinosaurier aussahen und wie sie lebten.

▲ *Ein Paläontologe säubert unter einem Hochleistungsmikroskop mit einer vibrierenden Nadel ein zartes Knochenfossil von Gesteinsresten.*

Weiblich

◄ *Zeichnungen wie diese von zwei Protoceratops-Schädeln gehören zur Untersuchung eines Fossils. Der aufrechtere Nackenschild und die dickere Schnauze kennzeichnen das Männchen.*

Männlich

Freilegen des Fossils

Wenn das Fossil ins Labor kommt, ist es meist in Gestein eingeschlossen, das entfernt werden muss. Gesteine, wie Kalkstein, können mit einer schwachen Säurelösung getränkt werden. Sie löst das Gestein, beschädigt die mineralisierten Fossilien aber nicht. Andere Gesteine müssen mit Werkzeugen entfernt werden. Größere Stücke werden mit einem Meißel abgeschlagen, aber feinere Werkzeuge sind nötig, wenn der Wissenschaftler näher an das Fossil herankommt. Eine vibrierende Nadel entfernt einzelne Gesteinskörner und kann unter einem Mikroskop ganz genau gesteuert werden.

▶ *Die Arme von* Deinocheirus *enden in langen Fingern mit großen, gebogenen Krallen, die sicherlich ideal zum Beutegreifen waren.*

Der glänzende Schimmer auf dem Kopf und dem Hals dieses Iguanodon *kommt von einem Härtungsmittel, mit dem das Fossil getränkt wurde, damit es an der Luft nicht zerfällt.* ▶

Untersuchung des Fossils

Nachdem die Fossilien vom Gestein gesäubert sind, beschreibt der Wissenschaftler sie. Das erfordert sehr detaillierte Zeichnungen der Knochen und Fachausdrücke, mit denen dargestellt wird, um welche Knochen es sich handelt und wie sie zusammenpassen. Der Experte untersucht, wie die Muskeln und Sehnen an den Knochen befestigt waren. Er zieht daraus Schlüsse auf die Lebensweise des Dinosauriers und auf seine mögliche Verwandtschaft mit anderen bereits beschriebenen Dinosauriern.

Der Schädel von Gallimimus *hat eine große Augenhöhle, woraus zu schließen ist, dass er gut sehen konnte.* ▼

Mehr von Dinosauriern verstehen

Nachdem das Dinosaurierskelett zusammengefügt und beschrieben worden ist, lässt sich mehr über das Tier und seine Lebensweise sagen. Die Zähne verraten, wovon der Dinosaurier sich ernährte. Scharfe, spitze Zähne lassen auf einen Fleischfresser schließen. Breite, flache Zähne gehören Pflanzenfressern. Ein Tier mit langen, schlanken Beinen kann schnell laufen, aber eines mit kurzen, stämmigen Beinen bewegt sich meist nur langsam voran.

▶ *Das Fossil einer Blütenpflanze. Einige Pflanzen kommen nur in Gesteinen eines bestimmten Erdzeitalters vor. Wissenschaftler bestimmen danach das Alter der Pflanzen.*

Datierung

Wissenschaftler kennen noch keine Methode, mit der sie ein Fossil selbst datieren können. Stattdessen ermitteln sie das Alter des Gesteins, in dem es gefunden wurde. Magma enthält eine bestimmte Menge des radioaktiven chemischen Stoffes Kalium 40. Dieser zerfällt in einer bestimmten Zeitspanne. Wenn Wissenschaftler messen, wieviel Kalium 40 noch im Gestein ist, wissen sie, wie alt es ist. Das geht allerdings nur bei vulkanischen Gesteinen, aber Fossilien werden meist in Sedimentgesteinen, wie Sandstein oder Schiefer, gefunden. Findet man vulkanisches Gestein nahe am Fossilfundort, ist eine ungefähre Datierung möglich.

■ DAS ENDE DER DINOSAURIER

Die fehlenden Verbindungsglieder

Unabhängig davon, wie vollständig ein Fossil ist oder wie sorgfältig es beschrieben wurde, bleibt die Tatsache bestehen, dass Dinosaurier ausgestorben sind und wir bestimmte Dinge nicht wissen können. Zum Beispiel ist es unmöglich zu sagen, welche Farbe die Dinosaurier hatten. Gestützt auf heute lebende Tiere nehmen viele an, dass Dinosaurier eine farbige Haut hatten. Bisher kann niemand diese Theorie belegen. Manchmal wird nur ein Teil eines Skeletts gefunden, dann ist es schwierig zu wissen, wie das Tier im Ganzen aussah. Das Fossil von *Hylaeosaurus* wurde ohne seine hintere Hälfte gefunden. Dem Fossil von *Polacanthus* fehlte die vordere Hälfte. Einige Experten glauben nun, dass beide Hälften zu ein und demselben Tier gehören, aber das kann man erst wissen, wenn ein vollständiges Skelett gefunden wird.

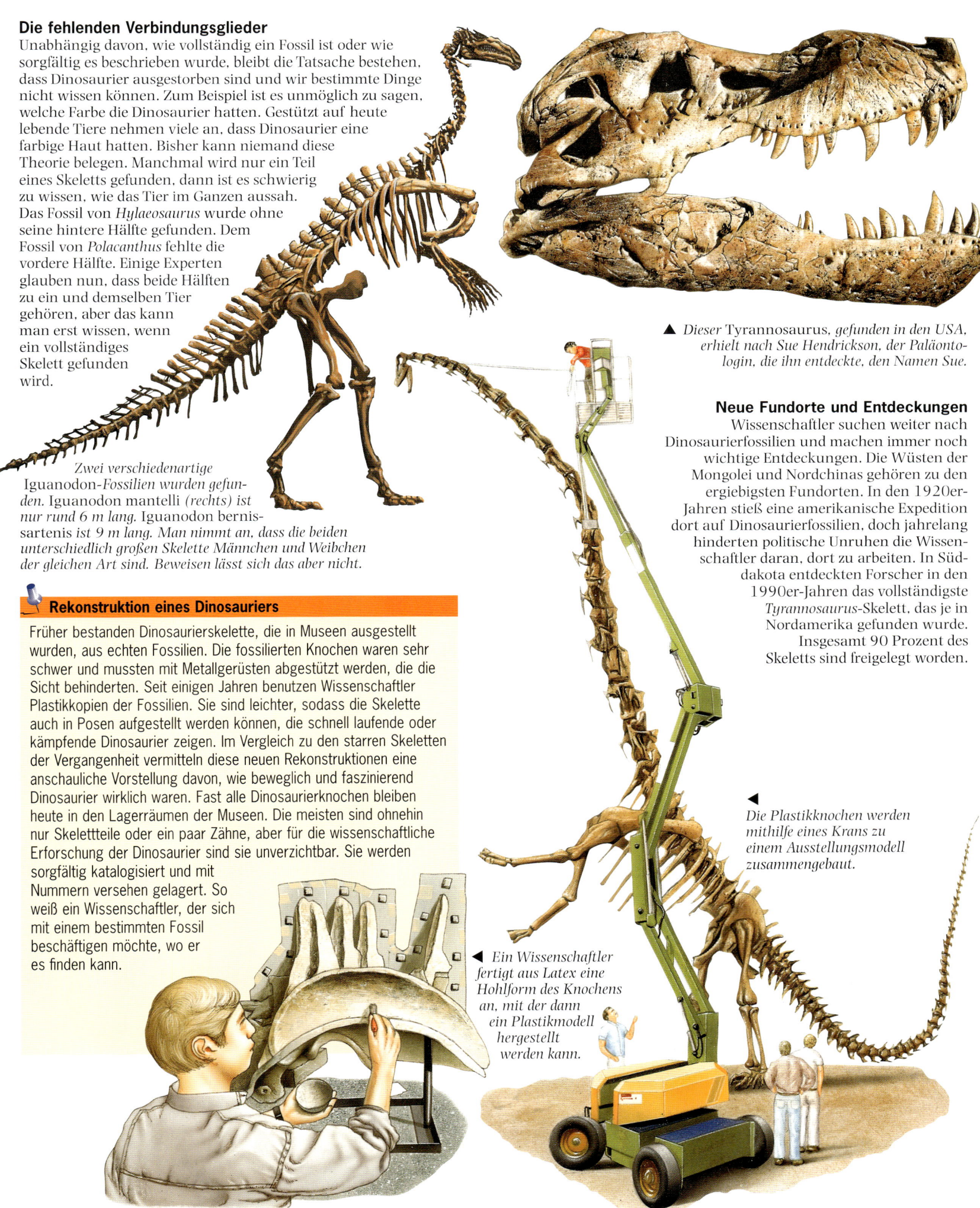

Zwei verschiedenartige Iguanodon-Fossilien wurden gefunden. Iguanodon mantelli (rechts) ist nur rund 6 m lang. Iguanodon bernissartenis ist 9 m lang. Man nimmt an, dass die beiden unterschiedlich großen Skelette Männchen und Weibchen der gleichen Art sind. Beweisen lässt sich das aber nicht.

▲ *Dieser* Tyrannosaurus, *gefunden in den USA, erhielt nach Sue Hendrickson, der Paläontologin, die ihn entdeckte, den Namen Sue.*

Neue Fundorte und Entdeckungen

Wissenschaftler suchen weiter nach Dinosaurierfossilien und machen immer noch wichtige Entdeckungen. Die Wüsten der Mongolei und Nordchinas gehören zu den ergiebigsten Fundorten. In den 1920er-Jahren stieß eine amerikanische Expedition dort auf Dinosaurierfossilien, doch jahrelang hinderten politische Unruhen die Wissenschaftler daran, dort zu arbeiten. In Süddakota entdeckten Forscher in den 1990er-Jahren das vollständigste *Tyrannosaurus*-Skelett, das je in Nordamerika gefunden wurde. Insgesamt 90 Prozent des Skeletts sind freigelegt worden.

Rekonstruktion eines Dinosauriers

Früher bestanden Dinosaurierskelette, die in Museen ausgestellt wurden, aus echten Fossilien. Die fossilierten Knochen waren sehr schwer und mussten mit Metallgerüsten abgestützt werden, die die Sicht behinderten. Seit einigen Jahren benutzen Wissenschaftler Plastikkopien der Fossilien. Sie sind leichter, sodass die Skelette auch in Posen aufgestellt werden können, die schnell laufende oder kämpfende Dinosaurier zeigen. Im Vergleich zu den starren Skeletten der Vergangenheit vermitteln diese neuen Rekonstruktionen eine anschauliche Vorstellung davon, wie beweglich und faszinierend Dinosaurier wirklich waren. Fast alle Dinosaurierknochen bleiben heute in den Lagerräumen der Museen. Die meisten sind ohnehin nur Skelettteile oder ein paar Zähne, aber für die wissenschaftliche Erforschung der Dinosaurier sind sie unverzichtbar. Sie werden sorgfältig katalogisiert und mit Nummern versehen gelagert. So weiß ein Wissenschaftler, der sich mit einem bestimmten Fossil beschäftigen möchte, wo er es finden kann.

◄ *Die Plastikknochen werden mithilfe eines Krans zu einem Ausstellungsmodell zusammengebaut.*

◄ *Ein Wissenschaftler fertigt aus Latex eine Hohlform des Knochens an, mit der dann ein Plastikmodell hergestellt werden kann.*

DAS ENDE DER DINOSAURIER

Coelophysis war behände und flink. Dank seiner hohlen Knochen konnte er schnell laufen.

Ist *Jurassic Park* möglich?

Im Spielfilm *Jurassic Park* erschafft ein Wissenschaftler Dinosaurier durch Gentechnik neu. Er entnimmt dem Magen einer in Bernstein konservierten Mücke Dinosaurierblut und benutzt die DNS, um neue Dinosaurier zu züchten. Das geht aus zwei Gründen nicht. Erstens sind von der DNS aus in Bernstein eingeschlossenen Insekten in den Jahrmillionen, die seither vergangen sind, nur winzige Bruchstücke übrig geblieben. Den Wissenschaftlern fehlen deshalb zu viele Informationen, um einen DNS-Code für ein ganzes Lebewesen zu erstellen. Zweitens kann man aus DNS allein kein Tier erschaffen. Selbst wenn vollständige Dinosaurier-DNS zur Verfügung stünde, müsste sie in die Eier eines ähnlichen Tieres eingeführt werden, damit ein Dinosaurier entstehen kann. Kein heute lebendes Tier ist den Dinosauriern dafür ähnlich genug.

Die Schnellsten

Da heute keine Dinosaurier mehr leben, weiß niemand, wie schnell sie liefen. Wissenschaftler können ihre Geschwindigkeit aber schätzen. Sie untersuchen die Skelette von Dinosauriern und vergleichen sie mit ähnlichen neuzeitlichen Tieren. Als schnellste Dinosaurier gelten die Ornithomimosaurier, die zwei sehr lange Beine mit starken Muskeln hatten. Sie könnten über kurze Strecken mit einer Geschwindigkeit von 50 km/h gelaufen sein.

Der Größte, der Höchste und der Schwerste

Die größten Dinosaurier waren die Sauropoden. Am längsten war *Seismosaurus*, der bis zu 50 m lang wurde. Der sehr lange, dünne Schwanz machte einen großen Teil dieser Länge aus. Der kürzere, aber robuster gebaute *Argentinosaurus* war der schwerste Dinosaurier. Er wog bis zu 100 Tonnen. Beide waren verhältnismäßig kurz im Vergleich zu *Brachiosaurus*, der seinen langen Hals bis zu 12 m hoch in die Baumwipfel reckte.

◀ *Ein Brachiosaurus könnte anderen Pflanzenfressern überlegen gewesen sein, weil er an Pflanzen gelangte, die seine Konkurrenten nicht erreichen konnten.*

▲ *Ein Insekt in Bernstein, fossiliertem Harz von Bäumen der Urzeit. In Bernstein bleibt das Tier so gut erhalten, dass DNS entnommen werden kann. Allerdings ist nicht mehr der ganze DNS-Code vorhanden.*

Ein Gigantosaurus, der größte Raubsaurier, war 14 m lang und wog rund 8 Tonnen. ◀

Die Kleinsten

Obwohl man bei Dinosauriern meist an riesige Tiere denkt, waren auch viele klein und zart. Der Pflanzen fressende *Lesothosaurus* aus dem südlichen Afrika wurde knapp 1 m lang und wog nur 10 kg. Die meisten kleinen Dinosaurier waren Fleischfresser, die Säugetiere, Eidechsen und Insekten jagten. Die kleinsten würden einem Menschen gerade bis zum Knie reichen.

Compsognathus war der kleinste Dinosaurier. Dieser winzige Jäger war rund 1 m lang und wog wohl nicht mehr als ein Huhn heute. ▶

■ DAS ENDE DER DINOSAURIER

Dinosaurierrekorde

Die Dinosaurier waren die spektakulärsten Lebewesen, die es je gab. Sie unterschieden sich völlig von allen heute lebenden Tieren. Mit ihren bizarren Körpern, Hörnern und Schilden sehen sie für uns eigenartig aus. Unter ihnen waren einige der größten, schwersten und schnellsten Tiere, die je gelebt haben.

Der Kopf eines Plesiosauriers. Diese riesenhaften Meeresreptilien waren keine Dinosaurier. Sie gehörten einer anderen Gruppe ausgestorbener Reptilien an. ▼

Dinosauriermythen

Um Dinosaurier ranken sich viele falsche Vorstellungen. Ein verbreiteter Irrtum ist es zu glauben, dass alle Reptilien des Mesozoikums Dinosaurier waren. Nur die Reptilien, die an Land lebten, waren Dinosaurier. Sie mögen zwar ins Wasser gegangen sein, um zu trinken oder zu fressen, aber sie waren keine guten Schwimmer. Flugsaurier waren ebenfalls keine Dinosaurier. Dinosaurier konnten nicht fliegen. Ein anderer Irrtum ist, dass Dinosaurier ausstarben, weil sie dumm waren. Sie mögen Gehirne gehabt haben, die kleiner als die von heute lebenden Säugetieren waren, aber ihre Gehirne waren größer und komplexer als die von anderen Reptilien.

Der Älteste

Der zweibeinige *Herrerasaurus* (oben) galt lange Zeit als der früheste Dinosaurier. Er lebte in der Mitte der Trias vor rund 227 Millionen Jahren. Die kürzlich auf Madagaskar gefundenen Überreste von Prosauropoden werden jedoch auf ein Alter von 230 Millionen Jahren datiert. 2001 wurden in Südbrasilien sogar noch ältere Fossilien gefunden. Sie gehören einem 2 m langen Raubsaurier, der vor 240 Millionen Jahren lebte.

Der Klügste und der Dümmste

Wissenschaftler haben ermittelt, dass die Intelligenz eines Tieres im Verhältnis zur Größe seines Gehirns und seines Körpers steht. Dieses Verhältnis wird Gehirn-Körpergewicht-Quotient genannt. Danach war der intelligenteste Dinosaurier *Troodon*, ein 3 m langer Jäger am Ende der Kreidezeit. Er war etwa so intelligent wie eine heute lebende Krähe. Der am wenigsten intelligente war *Stegosaurus*, der in einem 2 Tonnen schweren Körper ein nur walnussgroßes Gehirn besaß.

◄ *Manche Wissenschaftler meinen, dass Troodon im Laufe seiner Entwicklung so intelligent wie moderne Menschen hätte werden können, wären die Dinosaurier nicht ausgestorben.*

◄ *Iguanodon war einer der erfolgreichsten Dinosaurier. Die Dinosaurier herrschten ganze 150 Millionen Jahre lang über die Erde. Der moderne Mensch (Homo sapiens) existiert dagegen erst seit rund 120 000 Jahren.*

Der Gefährlichste

Die gefährlichsten Dinosaurier waren Dromaeosauriden. Sie waren schnelle Läufer, die in der Kreide vor rund 120 bis 65 Millionen Jahren lebten. Sie hatten große, sichelförmige Klauen an ihren Hinterbeinen, die sie beim Laufen hochhielten, damit sie scharf blieben, aber nach vorn schwangen, wenn sie ein Beutetier angriffen. Die Vorderbeine hatten ebenfalls gebogene Klauen, mit denen das Opfer festgehalten wurde, während die Hinterbeine nach vorn stießen – eine tödliche Kombination.

▲ *Deinonychus ist der bekannteste Dromaeosauride. Sein Name bedeutet „Schrecken erregende Kralle".*

► *Wie alle Vögel stammt diese Schwalbe von Dinosauriern ab. Weil sich die Vögel aus Dinosauriern entwickelt haben, sind die Dinosaurier nach Meinung mancher gar nicht ausgestorben.*

DAS ENDE DER DINOSAURIER

Register

A

Afrika 9, 16, 17, 21, 33, 42, 43, 66, 68, 77, 111, 116
Albertosaurus 89
Algen 63
Allosaurus 53, 54, 55, 67
Alphadon 69
Alvarez, Walter 102
Ameisen 68, 110
Amerika 43, 102, 103, 115
– Süd- 8, 9, 68, 92, 103, 111
– Nord- 16, 17, 18, 21, 32, 42, 43, 46, 47, 53, 54, 55, 58, 66, 68, 69, 72, 88, 89, 90, 97, 103, 110, 111
Ammoniten 12, 34, 36, 63, 103
Amphibien 12, 37, 110
Anatosaurus 96
Anchisaurus 42, 43
Andrewsarchus 108
Anhanguera 93
Ankylosauriden 88, 89
Ankylosaurus 86–87, 88, 89
Antarktika 46, 68, 111
Antilocapriden 111
Anurognathus 59
Apatosaurus 47
Archäopteryx 58
Archelon 72
Archaeothyris 32
Archosaurier 9, 16, 20, 21
Argentinosaurus 116
Arizona 37, 103
Asien 13, 16, 43, 68, 69, 88, 89, 111
Austern 73
Australien 68, 111
Aviminus 69

B

Barosaurus 39, 45, 47
Baryonyx 85
Bäume 39, 68
Baumfarne 39
Bayern 58
Berycopsis 103
Beuteltiere 69, 110, 111
Bienen 68, 92

Blütenpflanzen 39, 68, 92, 94, 114
Brachiosaurus 43, 45, 46, 50, 116
Brasilien 93
Brontosaurus 47
Brückenechse 37

C

Cacops 10
Camarasaurus 46
Camptosaurus 47
Centrosaurus 69
Ceratopsier 69, 96, 97
Ceratosaurus 55
Cetiosaurus 46
Champsosaurus 73
Chasmosaurus 97
Chicxulub-Krater 102
China 66, 67, 111, 115
Coelocanthini 73
Coelophysis 8, 18, 21, 24, 25, 116
Coelurosaurier 9
Compsognathus 55, 116
Concornis 92
Cryptoclidus 62
Ctenochasma 59
Cycadeen 39, 66
Cynodonten 24, 25, 32
Cynognathus 25

D

Dekkan-Trapps 106
Deinocheirus 114
Deinonychus 82, 117
Deinosuchus 73
Dentale 33
Deutschland 37, 59, 63
Diapsiden 16, 17, 24
Dicynodonten 13, 24, 32
Dilophosaurus 54
Dimetrodon 32, 33
Dimorphodon 58
Diplodocus 38, 43, 45, 46, 47, 51
Diplodociden 9, 51
Dorygnathus 58
Dromaeosaurus 69
Dromaeosauriden 117
Dryosaurus 47
Dsungaripterus 59

E

Echsenbeckensaurier 43
Edaphosaurus 12
Edmontosaurus 76, 103
Eidechsen 55, 59
Elasmosaurus 72
England 42, 63
Entenschnabel-Dinosaurier 78, 81
Eobasileus 109
Eoraptor 8
Eosuchier 16, 28
Eryops 12
Erythrosuchus 17
Eudimorphodon 27, 28, 29
Euoplocephalus 89
Euparkeria 14, 20
Europa 16, 27, 28, 33, 39, 43, 46, 47, 55, 58, 62, 66, 68, 88, 89, 93, 110, 111
Eurotamandua 111
Eustreptospondylus 38

F

Fabrosaurier 43, 47
Farne 17, 39, 68
Fichte 51
Fische 25, 28, 29, 34, 36, 37, 60, 62, 63, 72, 73, 85, 92, 93
Fischsaurier *siehe* Ichthyosaurier
Fledermäuse 92
Fleischfresser 73
Frankreich 63
Frösche 37

G

Gabelbock 111
Gallimimus 114
Garnelen 62
Gastrolithen 51
Germanodactylus 59
Gerrothrax 37
Ghost Ranch 24
Gigantosaurus 84, 116
Ginko 13
Gleitflug 28
Gondwana 38, 68
Gräser 68
Griechischer Frosch 110

H

Hadrosaurier 76, 78, 80, 96
Haie 12, 63, 72, 73
Haramiya 31
Hasenartige 111
Hawaii 106
Henodus 17
Herrerasaurus 9, 21, 31, 117
Hesperornis 92, 93
Heterodontosaurus 47
Hominiden 98
Hummer 62
Hyaenodon 109
Hybodus 12
Hylaeosaurus 89, 115
Hylonomus 16
Hyracotherium 109

I

Iberomesornis 76
Icarosaurus 17
Ichthyornis 92
Ichthyosaurier 16, 34, 36, 62, 63, 72
Iguanodon 114, 115, 117
Iguanodonten 47
Ilingoceros 111
Indien 66, 68, 106, 111
Indricotherium 111
Inostrancevia 10
Insekten 16, 24, 27, 28, 29, 31, 32, 33, 55, 59, 68, 92, 110, 116
Insektenfresser 111
Italien 29

K

Kalifornien 102
Kanada 16
Kentrosaurus 66, 67
Kieferlose Fische 98
Kieselalgen 63
Kloakentiere 110, 111
Knochenfische 12, 34, 36, 63, 73, 110
Knollengewächse 68
Korallen 36
Krebse 37, 59, 62, 69
Krebstiere 62
Krokodile 16, 21, 24, 25, 28, 37, 62, 72, 73, 85, 103
Kronosaurus 72

Kröten 37, 110
KT-Grenze 102, 103, 106, 110
Kuehneosaurus 28

L

Labyrinthodonten 37
Lambeosaurus 96
Larven 55, 59
Laurasia 38, 68
Leaellynasaura 81
Lemuren 110
Lepticidium 110
Lesothosaurus 43, 116
Libellen 24, 28
Liopleurodon 39, 63
Lophiodon 108
Lycaenops 32
Lystrosaurus 13

M

Maastricht 72
Madagaskar 37, 110, 117
Magnolie 68
Maiasaura 81
Mamenchisaurus 47
Massospondylus 42, 43
Meeresschildkröten 16, 72, 110
Meeresreptilien 39, 72, 117
Megaraptor 84
Megazostrodon 31, 33
Metoposaurus 37
Mexiko 102
Millerosaurus 10
Mitteleuropa 63
Mixosaurus 36
Mongolei 115
Montana (USA) 102
Morganucodon 33
Mosasaurier 70, 72
Mosasaurus 70, 72
Muscheln 12, 36, 60, 68, 69, 73, 92, 103
Muttaburrasaurus 76

N

Nadelbäume 39, 68
Nagetiere 111
Nashörner 111
Neoselachier 73
New Mexico 24
Nicrosaurus 25

Nodosauriden 88, 89
Nodosaurus 88
Nothosaurier 16, 34, 36, 62
Nyctosaurus 69

O

Ornithischier 9, 16, 43, 46, 47
Ornithocheirus 77
Ornithodesmus 93
Ornitholestes 55
Ornithomimosaurier 9, 116
Ornithopoden 47
Ornithosuchus 20
Ostafrika 46, 67
Oviraptor 80, 81, 96

P

Paarhufer 111
Pachycephalosaurier 97
Pachycephalosaurus 75, 97
Palaeoryctes 108
Pangäa 8, 13, 25
Pantodonten 111
Panzerdinosaurier *siehe* Stegosaurier
Parasaurolophus 85, 96
Pelycosaurier 12, 16, 32
Pentaceratops 77
Peteinosaurus 14, 28
Phobetor 92
Phytosaurier 25
Pinacosaurus 89
Placerias 14, 22, 24
Placodontier 16, 34, 36
Plateosaurus 21, 43
Platysomus 12
Plesiosaurier 16, 38, 39, 62, 69, 72, 117
Pliosaurier 39, 62, 69
Plotosaurus 70
Polacanthus 88, 115
Postosuchus 22, 24
Prädentale 9
Preondactylus 29
Preonetal 29
Presbyornis 69
Primaten 111
Proceratosaurus 55
Proganochelys 37
Propaleotherium 109
Prosauropoden 9, 21, 40, 42, 46, 117

Proterosuchus 20
Protoceratops 96, 114
Prototheria 111
Pteranodon 77, 93
Pterodactylen 29, 69, 77, 92
Pterodactylus 59
Pterodaustro 93
Pterosaurier 16, 21, 24, 27, 28, 29, 38, 39, 58, 59, 69, 77, 85, 92, 93
Purgatorius 110

Q
Quallen 13, 72
Quetzalcoatlus 90

R
Reptilien 8, 12, 14, 16, 17, 24, 27, 32, 58, 60, 76, 110, 117
Rhamphorhynchus 29, 39, 59
Rhamphorhynchoiden 39
Rhynchosaurus 17
Riojasaurus 21
Robben 111
Rüsseltiere 111
Rutiodon 25

S
Saltopus 33
Saurischier 8, 9, 21, 43
Sauropoden 39, 42, 45, 46, 47, 49, 50, 51, 54, 55, 116
Sauropodomorphe 21, 42
Saurosuchus 20
Scaphognathus 59
Schachtelhalme 39
Schildkröten 16, 37, 72, 103, 110
Schlammfisch 63
Schlangen 16, 68
Schmetterlinge 68, 92, 106
Schnecken 36, 37, 69
Schwalben 92, 117
Scutellosaurus 43
Scutosaurus 10
Seeigel 36
Seesterne 69, 73
Seismosaurus 116
Sharovipteryx 28
Shunosaurus 36, 51
Sibirien 68
Seekühe 111
Simbabwe 46

Sordes 59
Spanien 76, 92
Sphenodon 37
Spinosaurus 77
Stegoceras 97
Stegosaurier 39, 64, 66–67, 117
Stegosaurus 64, 66, 67, 117
Stonchlana 110
Stör 110
Strahlenflosser 63, 73, 110
Styracosaurus 97
Südamerikanische Huftiere 111
Süddakota (USA) 115
Synapsiden 12, 16, 17, 32

T
Tang 63
Tanystropheus 36
Tapejara 85
Teleostei 63, 73
Thecodonten 17
Thecodontosaurus 42, 43
Therapsiden 12, 16, 32
Theria 111
Therizinosaurus 80
Theropoden 8, 9, 21
Tethysmeer 38
Thrinaxodon 33
Tintenfische 12, 62, 63
Torosaurus 97
Triadobatrachus 37
Triceratops 76, 82, 85, 97
Trilobiten 12, 98
Troodon 117
Tropeognathus 92
Tuojiangosaurus 66, 67
Tyrannosaurus 72, 84, 89, 115

U
Uintatheres 111
Unpaarhufer 111

V
Velociraptor 85
Vogelbeckensaurier 43
Vögel 20, 28, 47, 56, 58, 69, 76, 77, 92, 93, 110, 117
Vulcanodon 46

W
Weichtiere 36

Wespen 68, 92
Würmer 59, 92

Y
Yucatán (Halbinsel) 102

Z
Zahnarme 111
Zentralasien 28, 47